日本史の裏側

河合 敦
KAWAI Atsushi

はじめに

本書は、日本史や歴史人物に関する意外で知られざる逸話を盛り込んだ宝箱である。近年は日本史ブームで、書店は関連本であふれているが、研究の進展によって歴史人物の評価が変わってしまうことが少なくない。

たとえば聖徳太子。推古天皇の皇太子で、摂政の地位について冠位十二階や憲法十七条を制定したり、『三経義疏《さんぎょうぎしょ》』を著して仏教を広めたりした。特に遣隋使・小野妹子を派遣して隋との対等外交を成功させたのは偉業といえよう。まさに聖徳太子は、日本史における英雄だ。

ところが二十年以上前に大山誠一氏が『〈聖徳太子〉の誕生』（吉川弘文館、一九九九年）を出版し、『日本書紀』に載る聖徳太子の業績は、厩戸《うまやど》皇子をモデルとして時の権力者がつくり上げた創作だと論じた。この見解を支持する研究者が増え、いまの日本史教科書は、聖徳太子を厩戸皇子（王）などと表記し、皇太子でも摂政でもなく、単に推古天皇の甥《おい》とし、蘇我馬子と並ぶ天皇の協力者と扱っている。脇役に転落してしまったのだ。

しかし近年、『日本書紀』とは別系統の古記録などの分析から、やはり聖徳太子は政治的に大きな力をもち、冠位十二階や憲法十七条を中心になって制定し、遣隋使などの外交も担っていたとする研究が次々に発表されている。また、ＳＡＴ大蔵経テキストデータベース研究会が作成した東アジアの経典データベースを調べることで、『三経義疏』が太子の作である可能性が高まった。つまり最新研究で再び太子の評価が逆転しつつあるのだ。

このように、相当な日本史通でも知らないことが歴史の世界にはまだまだ多数ある。

本書では、大河ドラマ『どうする家康』の主人公・徳川家康の新説の数々、悪人とされてきた勘定奉行・荻原重秀《おぎわらしげひで》の偉業、千利休《せんのりきゅう》生存説、手紙から見る坂本龍馬の再評価などを盛り込んだ。

経典のデータベースに見られるように、最新の科学技術も、歴史を解明するうえでなくてはならない存在になりつつある。

たとえば赤色立体地図。航空レーザー測量技術を用い、樹木などの障害物を除いて地形を可視化できる優れもので、立ち入りできない陵墓の明瞭な形状や未知の城跡を浮かび上がらせ、研究を大いに進展させている。Ｘ線調査やＣＴスキャンも歴史調査に役立っており、伊達政宗の復顔に加え、弥生人や縄文人の顔もリアルに復元できるようになった。

このほかDNA検査、コラーゲンやデンプンの分析で、新たな知見が広がっている。たとえば、歯石のデンプンを分析することで古墳時代の人々が炊いた米を食べていたことが判明した。人魚のミイラも科学の力で実態解明がなされた。詳しいことはぜひ本文をご覧いただきたい。

また本書では、知っているようで知らない歴史に関する用語や人物を取り上げた。廃仏毀釈《はいぶつきしゃく》、髪結《かみゆい》の亭主、江戸のリサイクル、司馬江漢《しばこうかん》、塙保己一《はなわほきいち》、緒方洪庵《おがたこうあん》——おそらく一度くらいは耳にしたことがあると思うが、それがどんなことなのか、何をした人物なのかを知らない方が大半だろう。だが、それぞれに驚きの秘密が隠されているのだ。

私は各地を講演して回っているが、主催者に地元の偉人について話してほしいとよく頼まれる。調べてみると、驚くようなスゴい人がいることも少なくない。

あるとき宮崎県高鍋町で「高鍋の四哲」について話してほしいという依頼を受けた。高鍋町は、秋月氏が支配した小さな城下町だが、江戸時代には上杉鷹山《ようざん》を輩出し、明治時代には「児童福祉の父」といわれ、岡山孤児院を創設して多くの子供を救った石井十次が出ている。

高鍋の四哲とは、高鍋藩の家老・秋月（水筑《みずき》）種節《たねよ》を父とする四人の兄弟のこと。うち三男の秋月左都夫《さつお》は、外交官としてベルギー、オーストリアなどの公使を歴任、パリ講和会議の全権顧問となり、読売新聞社の社長を務めた。八十八歳のときには、イギリスを通じて太平洋戦争の講和に動いている。四男の鈴木馬左也《まさや》は、第三代・住友総理事になった。在任中、住友財閥を発展させるとともに自然を回復させるため全国の植林に力を尽くした。いまのＳＤＧｓの走りといえよう。

まさか高鍋という小さな町からこれほど多くの偉人が出ているとは、思いもしなかった。改めて各地にはまだまだ知られていない日本史の巨人や奇才がいることを知った。

そこで本書では、性空《しょうくう》、布田保之助《ふたやすのすけ》、田中芳男、近藤富蔵、木内石亭《きうちせきてい》、天愚孔平《てんぐこうへい》、国《くに》友一貫斎《ともいっかんさい》を紹介した。みなさんはこのうち何人ご存じだろうか。きっと彼らの業績を知って、驚かれるはずだ。

このように本書は、日本史の教科書では語られることのない新説や奇談、知られざる偉人を多数盛り込んでいる。通説に飽きた方は、ぜひとも本書を手に取っていただければと願っている。

二〇二三年四月

河合　敦

目次

第二章　江戸時代に、現代に勝る技術を生み出した天才たち

第三章　ある意味幸せな人生か……？ 世にも奇妙な生き様

第四章 科学調査が歴史を塗り替える。イメージが変わる市井生活

第五章　現代人が学びたい、江戸から明治の偉人の志

第一章　あの歴史人物の驚くべき真実

千利休は切腹せずに密かに生き延びていた？

茶の湯を確立した千利休

千利休《せんのりきゅう》は、魚屋《ととや》の屋号をもつ和泉国《いずみのくに》堺（現在の大阪府堺市）の納屋衆《なやしゅう》、つまり豪商であったとされる。本名は田中与四郎といった。「千利休」の名は天正十三年（一五八五）の禁《きん》中《ちゅう》（宮中）茶会で正親町《おおぎまち》天皇から与えられた一日だけの居士号《こじごう》だった。それを本人が気に入って用いるようになったのだという。

千利休像（長谷川等伯画）

利休は十九歳で武野紹鷗《たけのじょうおう》から茶の湯を学び始め、のちに今井宗久《そうきゅう》らと織田信長の茶頭《さどう》として仕えたが、本能寺の変後は羽柴秀吉に重用されるようになった。

天正十五年（一五八七）十月一日、秀吉の主催により京都で北野大茶湯《きたのおおちゃのゆ》がもよおされた。事前に秀吉は「北野天満宮で大茶湯をおこなう。誰でも自由に参加せよ。私が茶を馳走《ちそう》し、所有する茶道具を見せてあげよう」と京都や奈良、堺に高札をかかげて町人に呼びかけた。

当日、秀吉は拝殿に自慢の黄金の茶室を組み立てて秘蔵の茶道具を飾り、経堂では自ら茶席を設け、千利休、津田宗及《そうきゅう》、今井宗久とともに茶でもてなした。四人のうち誰に馳走してもらうかは籤《くじ》で決めた。この大茶会をプロデュースしたのは、当時六十六歳の利休だった。まさに利休の絶頂期といえた。

高校の教科書では千利休の切腹に触れられていない

そんな千利休の名は、日本史Ｂ（通史）の教科書すべてに掲載されている。

たとえば『詳説日本史Ｂ』（山川出版社、二〇一二年）には、「堺の千利休は、茶の湯の儀礼を定め、茶道を確立した。利休の完成した侘茶《わび》は簡素・閑寂《かんじゃく》を精神とし、華やかな桃山文化の中に、異なった一面を生み出した。茶の湯は豊臣秀吉や諸大名の保護を受けておおいに流行」したと記されている。

ただ、あくまで茶道（侘茶）の大成者として利休が紹介されており、豊臣政権下で政治力をもったことや、秀吉に切腹を命じられたことについては触れられていない。他の日本史教科書を五冊ほど見てみたが、切腹が明記されているのは一つだけだった。

ところが不思議なことに、中学校の教科書はそれと正反対なのだ。

七冊ほど調べてみたが、利休切腹が掲載されていないのは一冊だけ。むしろ特別な出来事として、利休の切腹の話が本人の肖像入りで、コラムになっているケースが多い。

たとえば『新しい社会 歴史』（東京書籍、二〇二一年）は、本文で利休を「質素な風情を工夫して楽しむ、わび茶と呼ばれる芸能を完成させました」と紹介し、さらに肖像入りコラムで「堺の商人で、茶の湯に優れ、織田信長や豊臣秀吉に仕えました。特に秀吉からは重く用いられましたが、秀吉のいかりを買って自害を命じられました」と記しており、高校の教科書よりも詳しいのだ。

また、山川出版社の高校教科書は利休の切腹に触れていなかったが、中学校の教科書『中学歴史 日本と世界』（山川出版社、二〇二一年）には、利休の肖像画が掲載され、そのキャプションに「堺の豪商。秀吉に伝えたが、のちに切腹させられた」と明記されている。

どうして中学校と高校で、こうした逆転現象が起こっているのだろうか。

文科省の中学校学習指導要領（社会科歴史的分野）を見ても「利休の切腹に触れなさい」とは一言も書かれていない。なんとも不思議なことである。いずれにせよ今の中学生は、利休は秀吉の怒りに触れて切腹したと学んでいるわけだ。

なぜ利休は秀吉の怒りを買ったのか

さて、いま述べたように、もともと利休は織田信長の茶匠の一人であった。とはいえ、今井宗久などのほうがずっと覚えがめでたかった。けれど信長が本能寺で亡くなったあと、天下統一事業を継承した秀吉が利休を重用する。茶人としてではなく、政権の参謀としてだ。たとえば秀吉の弟・秀長は「内々のことはすべて利休に任せよ」と述べているが、それほど秀吉の側近として大きな政治力を有するようになったのである。

ところが天正十九年（一五九一）二月十三日、秀吉はにわかに利休に「故郷の堺へ戻って謹慎せよ」と命じた。罪を得た利休は命に従ったものの、一切の赦免運動をせず、毅然《きぜん》とした態度を崩さなかった。もはや死は覚悟のうえだったのだろう。そんなふるまいに腹を立てたのか、秀吉は利休を再び京都へ連れ戻し、切腹を命じた。こうして二月二十八日、利休は割腹《かっぷく》して七十歳の生涯を閉じたのである。

なぜ利休は秀吉の怒りを買ったのか。

当時の記録によれば、利休の罪状は次の二つ。茶器の売買において暴利をむさぼったこと。大徳寺三門（山門）の楼閣に自分の木像を安置したことであった。

秀吉の寵愛《ちょうあい》をいいことに、利休は陳腐な茶道具に法外な値をつけ暴利をむさぼったというのだ。ただ、具体的な事例が罪状に列記されているわけでもなく、その証拠を示す一次史料も見つかっていない。

大徳寺の木像は利休がつくったものではない

もう一つの木像の件だが、利休は、関係の深い大徳寺に莫大な財を喜捨《きしゃ》して壮麗な三門を再建した。この三門は現在一般公開されていないので外から眺めるしかないが、朱塗りの二層門は圧迫感を覚えるほど巨大だ。鎌倉時代に臨済宗寺院として創建された大徳寺は、一休宗純《いっきゅうそうじゅん》など名僧を輩出し、貴族から庶民まで広く人々の信仰を集めた。

村田珠光《じゅこう》も一休のもとに参禅して茶に禅の思想を取り入れて侘茶を創始したので、茶人と大徳寺の関係は深い。境内には二十以上の塔頭《たっちゅう》（簡単にいうと小寺院）が散在するが、利休と密接なかかわりをもつ塔頭も少なくない。たとえば聚光院《じゅこういん》。開祖・笑嶺和尚《しょうれいおしょう》に利休が禅を学んだことから、利休はここに墓をつくり、現在は三千家《さんせんけ》の菩提《ぼだい》寺となっている。

ともあれ、大徳寺三門は応仁の乱で燃えてしまう。門の一階は享禄《きょうろく》二年（一五二九）に再建されたが、二階は再建されなかった。それを利休の喜捨により再造できたので、感謝した寺側が奇特な行為を顕彰《けんしょう》するため、彼の木像をつくって山門の楼上に安置したのである。利休像は、雪駄《せった》を履いて杖をついた雪見姿だったといわれる。

すると秀吉は、「俺や勅使《ちょくし》が三門を通過したとき、利休に踏みつけられることになるではないか」と非常に不機嫌になったという。ただ、この噂を耳にした利休は、すぐに秀吉に謝罪して和解しているので、そんな些細《ささい》なことを再びとがめ立て、死罪を申し渡すのはなんとも奇妙なことである。

三成との政争？　茶道をめぐる確執？

このため、本当の理由は別のところにあるのではないかといわれ、多くの研究者や作家たちが、利休の処罰について、さまざまな説をとなえてきた。

たとえば、寵臣の石田三成との政争に敗れたという説である。利休は秀吉の弟・秀長の信頼を得て政治力を発揮したが、その秀長が天正十九年（一五九一）一月に病死すると、それからわずか一月後に処罰されている。つまり、権力を握ろうとした三成が、秀長という後ろ盾を失った利休を強引に追い落としたのではないかというのである。ただ、利休と三成が不仲だったという当時の史料は存在しない。とはいえ、公家で神職の吉田兼見《かねみ》は利休が死んだ翌月、その日記『兼見卿記《かねみきょうき》』に「聞いた話で確かではないが、今日、利休の妻と娘が石田三成の蛇責めの拷問を受け、二人とも死んだ」とある。

茶に対する考え方の違いによる対立の結果だという説もある。利休は「わび・さび」など禅の思想を取り入れた精神性を重視する簡素な茶の湯（侘茶）を大成したが、対して秀吉は黄金の茶室に代表されるようなド派手な茶を好み、利休の世界を理解できなかった。やがて茶道をめぐって二人の間に確執が起こり、処罰されたというわけだ。

このほか、秀吉が利休の娘に惚《ほ》れ、言い寄ったところきっぱり断られ、さらに強引に自分のものにしようとしたら自殺してしまったので、腹を立てて利休を処罰したという説もある。

切腹後、首を利休像で踏ませてさらし者に

利休の切腹の様子は、当時の史料には一切残っていない。最も古い記録は、利休が死ん

でから約六、七十年後に記された『逢源斎書《ほうげんさいしょ》（千利休由緒書《ゆいしょがき》）』である。これは利休の子孫である表千家四代目・江岑宗左《こうしんそうさ》が紀伊徳川家の求めに応じて提出した書だ。

それによると、堺から京都の葦屋《あしや》町の自宅（聚楽《じゅらく》屋敷）に戻った利休だが、秀吉は弟子たちが利休を奪いにくることを危惧し、上杉景勝に命じて三千の兵で周囲を警備させたという。

これより前、前田利家が「大政所《おおまんどころ》や北政所《きたのまんどころ》を頼って秀吉に謝罪したらどうか」と親切に勧めてくれたが、利休は「天下に名を成したいま、己の命惜しさにそんなことはできない。殺されてもやむを得ない」とはっきり固辞したという。

当日、事前に弟子から死刑に処されると知らされた利休は、茶の湯の準備を整え、切腹用の脇差に紙縒《こよ》りを巻きながら、静かに秀吉の検使（死を確認する役人）が到着するのを待った。

やがて蒔田淡路守《まいたあわじのかみ》、尼子三郎左衛門、安威摂津守《あいせっつのかみ》の三名が到着した。利休は不審庵《ふしんあん》（茶室）に彼らを招き入れた。そして「一会《いちえ》」（茶をもてなした）のあと、切腹したのである。

このおり蒔田は利休の無二の弟子だったので、秀吉の上意で介錯《かいしゃく》をおこない、利休の妻・宗恩《そうおん》は夫の遺体に白小袖をかけてやったという。

利休の首級《しゅきゅう》は蒔田ら検使が秀吉のもとに持参したが、秀吉は首実検もせず、一条戻橋に獄門にかけ、同じく大徳寺の利休像も柱を立てて結わえつけ、利休の首を木像の足で踏むようなかたちでさらし者にした。なんともむごいことをする。

利休が切腹した屋敷は、秀吉が壮麗な聚楽第をつくったさい与えられたものだった。敷地はかつて晴明神社の境内にあり、晴明神社には「千利休居士聚楽屋敷趾」の石碑が立っている。私が四十年前に訪れたときは人もまばらな質素な社だったが、『陰陽師《おんみょうじ》』の漫画や映画の影響で晴明が一躍ヒーローになり、現在は境内に晴明の銅像やグッズの売店ができ多くの人で賑わっている。

敷地の隅には晴明が念力で湧出させたという晴明井《せいめいい》がある。病気平癒に利益があるパワースポットとして知られるが、きっと利休もこの水を沸かして末期の茶を堪能したのだろう。

そこから数分歩くと、一条戻橋が見えてくる。そう、秀吉がこの橋のたもとに利休の首と木像をさらして見世物にしたのだ。ただ、昔からこの場所は心霊スポットとして知られている。死んだ人が生き返ったとか、鬼が出現するとか、安倍晴明が式神を隠していたなど、奇っ怪な話が絶えない。今は川端に散策路がつくられ、橋周辺はきれいに整備されているが、橋上から下をのぞくと、なんだか背筋がゾクリとする。あまりオススメできない場所だ。

「私の真似をするな」という教え

利休の死後、利休流の茶（侘茶）が絶えたわけではない。弟子や子孫によってその精神は脈々と受け継がれていった。利休の高弟を利休七哲と呼ぶが、信長の伯父・有楽斎《うらくさい》やキリシタン大名の高山右近、織田信長に謀叛《むほん》をおこした荒木村重、会津を支配した蒲生氏郷《がもううじさと》などがいる。とくに細川藤孝と古田織部《おりべ》は、利休が秀吉から堺での謹慎を命じられたとき、同地へ向かう利休を見送っている。他の弟子はかかわりを恐れ顔を出さなかったので、利休はこれを非常に喜んだという。

利休の死後、細川藤孝は忠実に利休の茶の作法を継承したが、古田織部は次々に新しい工夫を加えていった。茶碗に派手な焼き物を用いたり、露地（茶室の小庭）にタンポポを植えたり、茶室を広くしたりした。利休はよく「私の真似をするな」と弟子たちに言っていたので、その教えにならったのだろう。

織部は三万五千石の大名だが、利休亡きあと、茶道の第一人者となり、二代将軍・徳川秀忠の茶の指南役となった。この秀忠が織部に武家茶道を新たに定めるよう命じたとされる。それほど徳川家に信頼されていたのに、大坂冬の陣のとき織部は豊臣秀頼に徳川方の情報を伝え、夏の陣では豊臣方と結んで謀叛を起こそうとしたのだ。このため戦後、切腹を命じられた。織部は一切弁明しなかったので内通理由は不明だが、古田家は断絶した。

ただ、織部の作法は、さらに弟子たちに継承された。上田重安もその一人だ。重安は丹《に》羽《わ》長秀の家来だったが、のちに秀吉の直臣となり一万石を与えられた。関ヶ原合戦で西軍について領地を没収され、和歌山藩主・浅野幸長《よしなが》の家来となった。重安は利休に茶を学び、その後は織部に師事した。重安は自ら楽焼《らくやき》茶碗を焼き、茶杓《しゃく》や花入をつくり、浅野家の屋敷に「遠鐘《えんしょう》」と呼ぶ数寄《すき》屋（茶室）を建てた。茶の用意が調うと重安は、露地で待つ客人に鉄砲を打って知らせたといわれ、躙《にじり》口から茶室に入ると、床の間には花の代わりに兜《かぶと》が置かれてあったという。まさに、武将の茶道といえよう。このように利休の弟子からまたその弟子へと、柔軟な変化を見せながら、その精神は確実に伝承されていっているのだ。

現代まで続く千家の茶道

利休の死後、千家は断絶となって一族は離散するが、秀吉の晩年に許され再興されている。ただ、千利休の孫・宗旦《そうたん》は利休の末路を見て、将軍家や大名などの権力に近づかず、民間に茶道を普及させることに力を注いだ。

宗旦の次男・宗守《そうしゅ》は、京都の武者小路《むしゃこうじ》に官休庵《かんきゅう》という茶室をつくった。一方、宗旦は、利休の茶室・不審庵を三男・宗左に譲り、不審庵の裏に建てた今日庵《こんにち》（茶室）を四男の宗室《そうしつ》に譲った。今日庵は利休の精神が投影された名茶室だが、一般には公開されていない。隣接する茶道資料館には、今日庵を含む邸宅の模型があり、それを見ると、建物は増築に増築を重ねたらしく、屋敷は部屋数が多く通路は迷路のようになっている。その一室に利休の木像が安置されている。じつはこれ、一条戻橋で磔《はりつけ》にされた木像をもとに製作した像だといわれている。

やがて宗守の子孫は武者小路千家、宗左の子孫は表千家、宗室の子孫は裏千家という茶道の流派となっていった。これをあわせて三千家と呼び、江戸時代に大いに栄え、その隆盛は現代に続いている。

利休は切腹せずに生きていた？

最後に利休に関する驚きの説を紹介しよう。

史学者の中村修也氏は、利休は切腹せずに生きていたという説をとなえているのだ。非常に興味深いので、中村氏の著書『千利休　切腹と晩年の真実』（朝日新書、二〇一九年）から紹介させていただこうと思う。

まず中村氏は、利休切腹の一次史料が存在しないことに疑問を抱いた。一次史料というのは、当事者の手紙や日記、公文書などのことをさす。それ以外の史料は二次史料（主に後世に編纂《へんさん》された書物など）と呼ぶ。歴史学では二次史料はあまり用いず、とにかく一次史料を集め、それらを分析して怪しいものを除き、過去の事実をあぶり出していく。

ところが利休の切腹については、本人が死罪について記した日記や手紙、切腹に立ち会った人々の日記や手紙、豊臣政権が発した切腹命令や利休の罪状など、一次史料が現存していないのである。

利休が堺へ追われたこと、木像が磔にされたことは一次史料で確認できるのだが、切腹については、当時の公家や僧、神職の日記に記されているものの、すべて他人からの伝聞であり、完全には信用できないのだ。そもそも、切腹の具体的な逸話は、前述の『千利休由緒書』（利休の死から六、七十年後の記録）が最も古い。ただ、同書には日付の誤りがあったり、利休邸の警備をになったと記されている上杉景勝は、当時は京都にいなかったなど、信用できない記述が少なくないのだ。

さらに、驚くべきことは、九州の名護屋《なごや》にいる豊臣秀吉が文禄元年（一五九二）に母・大政所の侍女宰相《じじょさいしょう》に宛てた手紙に「きのふりきうかちやにて御せんもあかり、おもしろくめてたく候」と書かれていることだ。これを中村氏は「昨日も利休の茶を飲んで、食事もとって、とても愉快で気分がよかった」（前掲『千利休』）と訳している。前年切腹したはずの利休が秀吉を茶でもてなしているのだ。

これまで他の研究者たちは、この「りきうかちや」という部分について「利休流の茶」と読み解いたり、茶といえば利休なので、うっかり秀吉が「利休の茶」と書いてしまったのだと解釈していたが、素直に読めば中村氏の理解が一番的を射ているだろう。

最終的に中村氏は、さまざまな史料や論拠を示しつつ、細川藤孝が堺に追放された利休を匿《かくま》い、わざと死んだという噂を流し、その後は自領に招いて隠棲《いんせい》させたのだと論じる。詳しい内容はぜひ中村氏の著書を読んでいただきたいが、このように、利休は切腹せずに生きていたという驚きの説も存在するのである。

あまりに新説が多すぎて、「どうする家康！」

「忍耐強い」という家康のイメージは本当か？

二〇二三年のＮＨＫ大河ドラマ『どうする家康』の主人公は徳川家康。いうまでもなく、今川家の人質という立場から、のちに関ヶ原合戦に勝って天下人となり、長期政権・江戸幕府をつくった偉人だ。

岡崎市、静岡市、浜松市など、家康の居城があった自治体では、大河ドラマ館をつくって大いに盛り上がっている。ほかにも家康関連の史跡は多いので、みなさんが旅行することがあれば、「大河ドラマ」とか『どうする家康』の幟旗《のぼりばた》や看板を目にする機会もあるだろう。

さて、そんな家康だが、とても忍耐強く気の長い人物だったといわれている。それはきっと、三天下人の性格を評した次の句の影響だろう。

織田信長は「鳴かぬなら殺してしまえ時鳥《ほととぎす》」、豊臣秀吉は「鳴かぬなら鳴かせてみせよう時鳥」、それに対して家康は「鳴かぬなら鳴くまで待とう時鳥」。

けれど、この歌は江戸時代後期になってから登場してくるもので、戦国時代の人々が彼らをこんなふうに評していたわけではないし、そもそも家康が特別に気長だという記録は存在しない。

また、家康の人柄を語るうえで欠かせない遺言（東照公御遺訓《とうしょうこうごいくん》）についても新説がある。

「人の一生は重荷を負いて遠き道を行くがごとし。いそぐべからず。不自由を常と思えば不足なし。こころに望みおこらば、困窮したる時を思い出すべし。堪忍は無事長久の基《もとい》、怒りは敵と思え。勝つ事ばかり知りて、負くることを知らざれば害その身にいたる。おのれを責めて人を責むるな。及ばざるは過ぎたるよりまされり」

なんとも含蓄のある文言である。これを座右の銘とされている方もいるかもしれない。まさに人質から人生をスタートさせ、さまざまな苦労や危機を乗り越えて天下を握った苦労人・家康が語るにふさわしい言葉といえよう。

だが、じつはこれも家康作ではなく、どうやら徳川光圀《みつくに》（水戸黄門）の言葉を参考に、ある幕臣が創作したらしいのだ。それを明治時代になって旧幕臣の高橋泥舟《でいしゅう》が一般に広めたということが判明している。ちなみに最後の将軍・徳川慶喜は、これが家康の言葉だと信じていたという。

人質時代から大名として独立するまでの新説

このように、近年は続々と新説が登場し、これまでの家康のイメージが大きく変わりつつある。そこで本項では、驚きの新説を紹介しつつ家康の生涯を概観していこうと思う。

家康は、三河《みかわ》（現在の愛知県東半部）の国衆（国人）である松平広忠の嫡男《ちゃくなん》として岡崎城で生まれた。弱小な広忠は、隣国の織田信秀や松平一族の圧迫を受けて領地を維持できなくなり、駿河《するが》・遠江（静岡県）の大名・今川義元に後援を求め、六歳の家康を人質として差し出すこととした。家康は親類の戸田康光に伴われて駿府《すんぷ》（静岡県静岡市）へと向うが、途中、康光が裏切って家康を織田信秀に売ってしまった。けれど数年後、人質交換によって家康は駿府に移ったといわれてきた。

家康の居城だった岡崎城

ところが近年、広忠が織田信秀に岡崎城を攻め落とされ、降伏の証《あかし》として家康を織田方へ差し出したという説が登場している。さらに、人質時代に家康は駿府で虐《しいた》げられていたといわれてきたが、これについても、手厚い待遇を受けていたという説が出ている。

十九歳のとき、桶狭間《おけはざま》の戦いで今川義元がまさかの討ち死にをする。すると、この合戦に参加していた家康は駿府へは戻らず、故郷の岡崎城に入り、今川と手を切って大名として独立を試みたといわれてきた。

これについても、岡崎入りを命じたのは氏真《うじざね》（義元の後継者）だというのだ。今回の敗戦で、織田と今川勢力の狭間にある西三河が不安定になったので、動揺を防ぐため家康を岡崎城に入れたというのだ。永禄四年（一五六一）四月、家康は氏真に叛旗《はんき》をひるがえすが、これに関しても氏真が義元の敵討ちに動かなかったので見限ったわけではなく、氏真の支援が薄いことに不満を抱いたからだという。

家康は三方ヶ原の戦いで脱糞もしていないし、有名な「しかみ像」はそもそも家康ではない？

周知のように三方《みかた》ヶ原《はら》の戦いは、家康最大のピンチだった。元亀《げんき》三年（一五七二）十二月、徳川領に侵攻した武田信玄の大軍が、家康のいる浜松城に近づいてきた。このとき家康は、城から出て三方ヶ原で戦うが、武田軍に大敗北を喫した。浜松へ逃げる途中、家康は恐怖のあまり脱糞してしまうが、どうにか城に逃げ戻ることができた。しかし家臣のなかには、「殿が糞を垂れて戻ってきた」と大笑いする者がいた。けれど家康は、すぐに絵師を呼んで自分の恐怖にゆがんだ姿を描かせ、これを常に手元に置き、慢心したときの戒《いまし》めとしたという。これがいわゆる顰《しかみ》像である。

けれど、脱糞の逸話はまったくの創作であり、原史彦氏によれば、顰像も三方ヶ原合戦のさいに描かせたものではないうえ、そもそも家康の肖像なのかどうかも怪しいというのだ。

信長とともに武田勝頼の騎馬隊を粉砕した長篠《ながしの》合戦についても、これまた通説が揺らいでいる。

教科書には「1575（天正3）年の三河の長篠合戦では、鉄砲を大量に用いた戦法で、騎馬隊を中心とする強敵武田勝頼の軍に大勝」（『詳説日本史B』山川出版社、二〇一二年）したとあるが、武田方に騎馬隊なるものが存在したのかについては疑念をもつ研究者も少なくない。

また、信長は足軽鉄砲隊に三千挺の鉄砲を持たせ、三列横隊をつくって列ごとに順番に引き金を引かせ間断なく連射したとされるが、千人の人間が一列に並んで整然とした行動するのは難しいので、近年はレジ待ちのように、準備が整った足軽から順番に弾を放っていただけだという説が強い。さらに、そもそも鉄砲の数は三千もなく、千挺だったと主張する研究者もいる。

また、この戦いで勝頼は重臣の多数を失い、壊滅的な打撃を被《こうむ》ったとされるが、わずか数カ月後には再び軍事行動を起こして家康を悩ましていることから、長篠合戦は武田にさしたる打撃を与えていないと述べる学者もいる。

息子を切腹させたのは信長ではなく家康自身?

松平信康事件も根底から評価が変わりつつある事件だ。

家康は天正七年（一五七九）、正室の築山殿《つきやまどの》を殺害し、その息子であり岡崎城代であった二十一歳の嫡男・信康を切腹させた。徳川家の一大悲劇である。この措置を命じたのは信長だった。

信長は、娘の徳姫を信康のもとに輿《こし》入れさせ、家康のとの同盟を強固なものとした。だが、あるとき徳姫から送られてきた書状を見て仰天する。徳姫は、信康と姑の築山殿と関係が悪化したようで、その書状には十二カ条にわたって二人を非難する文言がちりばめられていた。そのなかに築山殿が唐人の医師と不倫関係になり、彼を通じて甲斐《かい》（現在の山梨県）の武田勝頼と内通して謀叛を企み、息子の信康を引き込んでいると記されていたのだ。

さすがにこれは放置できない。そこで信長は家康の重臣・酒井忠次を呼びつけ、一条づつ事実を確かめたところ、十カ条まで事実と認めたので、信長は「信康に腹を切らせるよう家康に伝えろ」と申し渡したという。そこで仕方なく、家康は信康を捕らえて自刃させ、築山殿を家臣に殺害させたのだという。

ところが近年、信長の意向ではなく家康本人の意志で信康母子を死に至らしめたという説が強くなっている。その理由だが、信康一派が家康に謀叛を企んだからとか、外交方針をめぐる家康派と信康派の対立だったなど複数の説がある。

いずれにせよ、御家騒動のすえに家康が妻子を処断したのが事実なら、この事件の印象がまったく違ったものになるわけだ。

さらに新説は続くよ。「どうする家康！」

家康三大危難「伊賀越え」の新説

前項で家康に関する新説を取り上げたが、まだまだある。さらに続きを紹介していこう。

先述のとおり、家康の人生は危機（どうする）の連続だったが、そのうち三大危難といわれるものが「三河一向一揆、三方ヶ原の戦い、伊賀越え」である。

伊賀越えというのは、本能寺の変のときの出来事だ。

天正十年（一五八二）六月二日、本能寺にいた織田信長は家臣の明智光秀率いる大軍に襲撃され、自刃を余儀なくされた。家康はこのとき信長の勧めで上方見物をしており、当日は堺を出て京都へ戻るところだった。そこに信長の訃報が飛び込んできたのである。

家康は京都に戻って知恩院で追腹を切ろうとしたが、家臣らの説得で思いとどまり、明智の魔の手から逃れ、伊賀を越えて領国三河へ戻る決意をする。

このとき同行していた京都の豪商で家臣の茶屋四郎次郎が先回りして金銭をばらまいて

通行の安全を図り、伊賀の忍《しのび》であった服部半蔵正成が伊賀の里で二百名の忍を借り受けて警護につけ、無事、三河へ戻ったとされる。

だが、半蔵正成は家康の譜代であり、伊賀出身だったのはその父・保長である。そうはいっても、伊賀の忍の力を借りたのではないかと思うかも知れないが、近年は伊賀などほとんど通過しなかったという新説が登場しているのだ。

前年、信長は次男・信雄を総大将にして五万の兵で伊賀へ攻め込み、多数を虐殺していた。ゆえに信長の同盟者である家康を生かして通すはずはない。そこで家康は、伊賀越えを避け、主に甲賀ルートを通過したという説が出てきているのだ。

とはいえ、いまだ家康一行のルートについては諸説あり、決定的な証拠があるわけではないが、甲賀越えはなかなか興味深い説だといえよう。

信長亡きあと秀吉が家康を懐柔した意外な理由

帰国後、家康は信長の仇討ちになかなか出陣せず、ようやく動き出したところで羽柴秀吉に先を越されてしまった。以後、秀吉が急速に織田家で力をもち、賤《しず》ヶ岳《たけ》合戦で宿老の柴田勝家を倒して大坂城を築き始め、信長の後継者たることを明確にした。

これに不満を持った信長の次男・信雄《のぶかつ》は、家康に支援を求めた。家康がこれに応じたことで天正十二年（一五八四）、小牧《こまき》・長久手《ながくて》の戦いが始まる。長久手の戦いで家康は大勝利をおさめたものの、信雄が秀吉と単独講和したことで、兵を引かざるを得なくなった。その後、豊臣政権を樹立した秀吉は急激に勢力を拡大、家康との差は開く一方だった。それなのに家康は秀吉への臣従を拒み続けた。

このため秀吉は、妹の朝日姫を家康の正室に差し出し、さらに母親の大政所まで人質として家康のもとに送り、どうにか臣従させたといわれる。ただ、じつは当初、秀吉は家康を懐柔するつもりはなかった。徹底的に潰そうと考えていたのだ。

秀吉が真田昌幸に宛てた書状を見ると、秀吉は天正十四年（一五八六）正月を期して大兵力を動員し、徳川征伐を断行すると宣言している。だが、それからわずか十日後（天正十三年十一月二十九日）、現在の中部・近畿地方にまたがる巨大地震が発生、膨大な被害が出たのだ。このため秀吉は、徳川征伐計画を断念せざるを得ず、懐柔策に転じたというのが真相なのだ。

秀吉は生前に天下を家康に譲っていた？

天正十四年秋に秀吉に臣従した家康は、以後は豊臣政権の忠実な重臣として活動する。

天正十八年（一五九〇）七月、秀吉は小田原の北条氏を倒して関東を平定したが、これより前、家康は父祖の地を収公され、関東へ移封を命じられた。しかも、百年栄えた小田原城ではなく、江戸城を拠点とするよう秀吉から指示されたのである。

巷説《こうせつ》では「秀吉が家康を警戒し、わざと大坂から離れた辺鄙《へんぴ》な東国へ遠ざけ、寒村の江戸に追いやったのだ」といわれてきたが、近年、江戸は寒村などではなく水陸要衝《ようしょう》の地であったことがわかってきた。また、秀吉が家康を関東に配したのは、北条氏が滅んで動揺している関東地方を安定させるため、さらに、完全に豊臣政権に伏していない東北諸大名への対応を期待したという説が出てきている。

慶長三年（一五九八）、豊臣秀吉が死んだ。跡継ぎの秀頼は、まだ六歳の幼児である。そこで秀吉の遺言に従い、五大老・五奉行による集団指導体制が敷かれた。ところが家康は豹変し、他の大名と次々と縁戚関係を結び、論功行賞をおこなうなど勝手な行動を始めたのである。これは、あえて豊臣政権を混乱・分裂させ、反対派を武力で倒して政権を奪おうとしたからだという。

この通説に関して、近年、驚きの新説がある。高橋陽介氏によれば、すでに生前、秀吉は家康に天下を譲っていたというものだ。もちろん、秀頼が成人した暁には権力を手放すという約束のうえではあるが……。ともあれ、天下人として振る舞おうとした家康に対し、毛利輝元や石田三成が強く異をとなえ、五大老・五奉行による合議制にすべきだと主張した。そこで違約に驚いた家康が、権力の奪取に動いたのだというのだ。

慶長五年（一六〇〇）六月、五大老の上杉景勝に謀叛の疑いがあるとの情報が入った。真偽を確かめるため、家康は景勝に上洛を要求したが、上杉側はこれを拒否。そこで家康は、五万七千の兵を率いて会津征伐へ向かう。この行動は秀頼も了解しているので、豊臣正規軍としての出陣だった。しかし下野国《しもつけのくに》（現在の栃木県）小山まで来たとき、家康は石田三成の挙兵を知った。

家康は武将たちを集めて会議を開き、その去就は各自に任せた。すると三成を嫌う福島正則は「私は徳川殿に味方する」と発言、さらに山内一豊が「居城の掛川城を徳川殿へ差し出す」と述べたので、全員が家康に味方することを誓い、そのまま西上していった。

だが近年、こうした通説に対し、そもそも軍議（小山評定《ひょうじょう》）があったかどうかについて論争が起こっている。なんと、正則は軍議当日、小山（現場）にいなかったと主張する白峰旬氏のような研究者もいる。また、確かに軍議はあったものの、その場所は小山ではないという学者もいる。

「関ヶ原合戦」をめぐる新説ラッシュ

通説では、石田三成は五大老の毛利輝元を大将に仰ぎ、同じく大老の宇喜多秀家、大坂城にいた三人の奉行（増田《ました》長盛、長束《なつか》正家、前田玄以《げんい》）なども味方につけたので、西軍は十万の大軍になったといわれてきた。

けれど近年、当初は石田三成と大谷吉継の二人だけの小規模な挙兵にすぎなかったので、武将たちは即座に家康の味方になることを誓ったのだという説が登場してきた。

ところがその後、毛利輝元が積極的に家康打倒計画に加担し、自ら秀頼のいる大坂城に入って玉（秀頼）を握ってしまったので、それまで家康方だった淀殿と三奉行も輝元に味方することを決めた。かくして、大老たちや三奉行の署名の入った、家康の違法の数々をあげつらう「内府違いの条々」が作成され、それが諸大名に送付された。この結果、輝元が官軍となり、家康は賊軍に転落してしまったのだと考える学者が多い。

このため、七月末から八月末まで家康は江戸から動けなくなってしまう。本当に賊になった自分に対し、西進する東軍（家康方）諸大名が味方してくれるかを見極める必要があったからだ。なお、江戸にいた時期、家康は劣勢を挽回するため、敵味方の別なくひたすら手紙を書き、多数派工作に全力を尽くした。

ちなみに先発した東軍大名たちは、難攻不落と思われた西軍の岐阜城をあっけなく落としてしまった。このため家康は急いで九月一日に江戸を離れた。だが、中山道《なかせんどう》から西へ向かっている別働の秀忠軍が遅れていると知る。最終的に家康は彼らの到着を待たずに、天下分け目の戦いに突入していったのである。

関ヶ原合戦は、たった数時間で決着した。それは、西軍の吉川広家をはじめ半数以上が戦いを傍観したことが一因だった。家康の離間工作が功を奏したのだ。ただ、最大の要因は、松尾山に陣をかまえていた西軍の小早川秀秋が戦いの最中にいきなり味方に攻め込んだことだといわれる。

ところが近年、秀秋は開戦前から東軍として陣を敷いており、最初から東軍として戦いに参加したという説が登場している。さらには、関ヶ原合戦の前日、松尾山の秀秋が東軍に寝返ったと知った三成が、その近くに布陣していた大谷吉継を救うため、大垣城を出て関ヶ原へ向かい、それを家康ら東軍が追いかけるかたちで天下分け目の合戦が始まったという新説もある。

　また、実際の戦いは関ヶ原ではなく、ずっと西側に位置する山中という地域が主戦場であったとか、じつは関ヶ原には西軍によって玉城という巨大な城がつくられており、本当はそこに秀頼や輝元を迎えて東軍と雌雄を決するつもりだったなど、まさに関ヶ原合戦は新説の嵐のような状況になっている。

　いずれにせよ、関ヶ原合戦で家康は天下を握ったのである。そう言いたいところだが、それから幕府を開くまで三年もかかっている。これも、徳川の主力である秀忠軍が参加できず、戦功は外様《とざま》ばかりが挙げたので、関ヶ原合戦では家康は政権を握るまでに至っていないと考える学者もいる。

　このように家康をめぐっては、新説の乱立状態なのである。

最もマイナーな徳川四天王・榊原康政とは？

地味だけどとにかく強かった榊原康政

ＮＨＫの大河ドラマ『どうする家康』は、チーム家康を描くという。そんな家康の家臣の代表といえば、徳川四天王である。酒井忠次、本多忠勝、井伊直政、榊原康政《さかきばらやすまさ》の四人だ。

このなかであまり知られていない人物といえば、やはり榊原康政ということになろうか。そこで本項では、この人物をフィーチャーしてみたい。

のちに「或いは城を攻め、或いは野に戦う事、数をしらず。およそ康政が向かうところ、打ち破らずという事なし」（新井白石著『藩翰譜《はんかんふ》』）と評された康政は、実際、今川氏の吉田城攻め、姉川の戦い、長篠の戦い、武田方の高天神《たかてんじん》城攻めなどで奮迅の活躍を見せた。

もともと榊原氏は、伊勢国の守護・仁木氏の流れをくみ、当主が清長の時代に三河国額田郡に住《じゅう》したことに始まる一族である。榊原姓は居住地の地名をとったといわれるが、それは三河ではなく伊勢国壱志《いちし》郡だったという説もある。その後、榊原清長は松平親忠（家康の先祖）に仕え、その子・長政が家康の父である広忠に仕え、その重臣である酒井忠尚に付属していた。

天文十七年（一五四八）、長政の次男として生まれた康政は、永禄三年（一五六〇）、桶《おけ》狭間《はざま》合戦後に岡崎に戻ってきた家康に小姓として取り立てられた。家康より六歳年下だったので、十三歳だったことになる。三河の大樹寺（徳川家の菩提寺）で学問を学んでいたといわれるが、次男なので寺に入れられたのかもしれない。

徳川家の菩提寺、大樹寺（大樹寺ホームページ）

その二年後に父の長政が死去し、康政は叔父の一徳の養子となり、名を於亀（亀丸）から小平太と改めた。そんな康政の初陣は十六歳のとき。敵は家康を危機に陥《おとしい》れた三河の一向一揆（上野城の戦い）だった。

このとき家康の「康」の字を賜《たまわ》り、康政と名乗るようになったが、以後は久能《くのう》城攻め、堀川城攻め、姉川の戦いなどでたびたび先陣を切って戦い、傷を被りながらもたじろぐことなく相手を圧倒した。とくに姉川合戦での勝利のきっかけは、康政が朝倉軍に急襲をかけたからだといわれる。

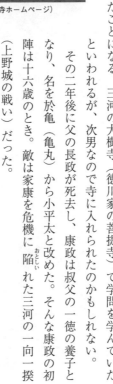

有名な武田勝頼との長篠合戦直後にも、猛将の本多忠勝とともに諏訪原《すわはら》城を陥落させ、主君の家康から高木貞宗《たかぎさだむね》作の名刀を授けられている。武田の弱体化を決定づけた高天神城攻略戦では、なんと敵の首を四十一個もとるという驚くべき活躍を見せた。

とにかくこの男、強いのである。

秀吉からも絶賛された知将

優れていたのは武力だけではない。知略も抜きん出ていた。とくに際立ったのは、天正十二年（一五八四）の小牧・長久手の戦いだ。

家康は、信長の次男・信雄と結んで尾張の小牧山に陣を敷いて羽柴秀吉軍と対峙した。戦いは持久戦の様相を呈し始めた。このとき康政は「太閤（秀吉）、君（信長）恩を忘れ、信雄と兵を構ふること、その悪逆のはなはだしき言ふべからず。しかるを太閤に従ふ者は皆、義を知らざるなり」（『寛政重修諸家譜』）と書いた檄文《げきぶん》を敵陣へ送りつけたのだ。

これを見た秀吉は激怒し、康政を討ち取った者には、「その賞、望むところにまかす」という触れを出し、無制限の懸賞金をかけたという。

結局、徳川軍は長久手の戦いで勝ったものの、信雄が秀吉と単独講和を結んだため、戦

文武に秀でた榊原康政（出典：国立博物館所蔵品統合検索システム（https://colbase.nich.go.jp/collection_items/tnm/F-20138-2?locale=ja））

う名目を失い家康は撤退した。

後年、講和が成り、家康と秀吉の妹・朝日姫との婚儀が成立する。このとき康政は、家康の命令で結納の使者として上洛し、秀吉と対面した。すると秀吉は檄文の件を口に出し、「あのときは、お前の首を望んだが、今ではお前の家康に対する忠節に感じ入っている」とほめ、陪臣としては破格の待遇というべき、従五位下式部大輔《じゅごいげしきぶのたいふ》に康政を叙任した。

小田原攻めで北条氏が滅ぶと、秀吉は家康の領地を関東へ移封し、江戸城を拠点とするよう命じた。すでに東海地方を中心に五カ国の大大名になっていた徳川家ゆえ、この転封《てんぽう》という大引っ越しはさぞかし大変だったろう。この関東移封の総奉行を務めたのが康政であった。家臣たちから文句が出ぬよう細心の注意を払って知行割りをおこなったのだった。自身はこのとき十万石を家康から拝領し、館林城主となった。

情報戦術で三成を牽制

秀吉の死後、石田三成を中心とした反家康派が伏見城にいる家康を襲撃するという風説が江戸にいた康政のもとに届いた。これを聞いた康政は、旅装も整えずに馬に飛び乗ると、伏見へ向かって無我夢中で駆け出したという。乱髪のまま髷《まげ》さえ結わず、すさまじい形相で土煙を上げて東海道を走り抜けた。いかに主君の身を案じていたかがわかる。だが、近江国勢多《おうみのくにせた》（現在の滋賀県大津市）まで来たとき、家康の無事を知った。しかし、三成派はまだ何をしでかすかわからず、安心はできない。そこで康政は一計を案じた。

この勢多に関所を急造して、商人や旅人を三日間せき止めたのである。足止めされた人々は数万人に及んだ。この間、ようやく徳川の兵も江戸から勢多まで馳せのぼってきた。そこで康政は、頃合いを見計らって関所を開いた。すると、先を急ぐ人々は怒濤のように京都方面へなだれ込んでいった。じつはこれが康政の狙いだった。康政はこのとき「十万の徳川軍が大挙してやってきた」というデマをまき散らしたのだ。が、それでも怒りのおさまらない康政は、さらに三成を狼狽させてやろうと、「十万の徳川軍が到着したので、大量の兵糧が必要になった」と京中に触れを出し、あらんかぎりの金で食糧を買い占めたのだ。三成らは、戦々恐々としたのではないだろうか。あっぱれな情報戦術だといえる。

懲罰覚悟で秀忠をかばう

それからまもなくして、家康は関ヶ原合戦で三成ら西軍を倒し、覇権を握った。だが、この戦いで活躍したのは、外様大名ばかりだった。

前述のように、総大将として徳川本隊を率いて西上していた徳川秀忠が、真田氏の上田城攻めに手こずり、戦いに間に合わなかったのだ。家康は、後継者の秀忠に花を持たせてやろうと、参謀に自分の寵臣である本多正信をつけ、榊原康政、大久保忠隣といった大身の猛将を配してやった。にもかかわらず、このような失態を犯したので、激怒した家康は秀忠に対面を許さなかった。このとき、意を決して家康のもとを夜密かに訪れたのが、康政であった。康政は秀忠のために次のような弁明をおこなったといわれる。

「父子一緒に戦うというのであれば、なぜもっと早く出陣の日を知らせてくれなかったのですか。九月一日に江戸を出立するので、急ぎ馳《は》せのぼれと我々が聞いたのは、九月七日のことです。秀忠様もこの知らせに驚き、急いで軍を進めましたが、木曽は名に負う難所であるうえ、大雨のため人馬も疲れ果ててしまいました。石田三成など大したことはできないのですから、清洲《きよす》城にもう少し御滞座あってもよろしかったはず。なのにどうして出陣をお急ぎになられたのか。なお上田城は、ぜひ攻め破ってから西上すると秀忠様がおっしゃったのを、本多正信らがとどめたため、仕方なく押さえの兵を残して道を急ぐことになったのであり、落とせなかったわけではございません」

鬼気迫る表情で康政は、家康の落ち度や誤解を言いつらねていった。懲罰を覚悟したうえでの言動だったろう。さらに、

「親子の間ですから、日常のことなら御譴責《けんせき》もあるでしょうが、秀忠様はゆくゆくは天下を治める方。そんな方が、弓矢の道において父君の心にかなわない者であると世に示せば、人々のあなどりを受けるでしょう。これは御子《みこ》の恥辱のみならず、父の御身の恥辱ではありませぬか」。そう言いながら、ついに泣き出し、それでも秀忠のために弁明し続けた。そんな老臣の姿を見て、さすがの家康も気持ちがほぐれ、その翌日、秀忠に対面を許したと伝えられる。

この事実を知った秀忠は、「此度《こたび》の心ざし、我が家の有らんかぎりは、子々孫々にいたるまで、忘るゝ事あるまじ」（『藩翰譜』）という自筆の感状を康政に与えたという。

やがて家康が幕府を開き、平和な時代が訪れると、「老臣、権を争うは亡国の兆しなり」と言って、康政は宿老の身ながら政治に口をはさまなかった。そして慶長十一年（一六〇六）、にわかに病を得て、五十九歳でその生涯を閉じたのである。

教科書で悪役として登場する勘定奉行・荻原重秀は、じつは名奉行だった！

元禄の悪鋳をおこなった荻原重秀

荻原重秀《おぎわらしげひで》は、日本史の教科書すべてに登場する重要人物である。ただ、何をしたのかを思い出せない人も多いだろうし、知っていたとしてもあまり良い印象は抱かないはずだ。なぜなら教科書では、以下のように紹介されているからだ。

「勘定吟味役（のちに勘定奉行）の荻原重秀は、収入増の方策として貨幣の改鋳《かいちゅう》を上申し、綱吉はこれを採用した。改鋳で幕府は金の含有率を減らし、質の劣った小判の発行を増加して多大な増収を上げたが、貨幣価値の下落は物価の騰貴《とうき》を引きおこし、人びとの生活を圧迫した」（『詳説日本史B』山川出版社、二〇二二年）

このように、お金の質を落とし、その差益によってもうける仕組みを考えた人物だからだ。こうした方策をとったのは、幕府財政の破綻が原因だった。

　将軍綱吉の元禄時代になると、大幅な赤字に転落する。原因の一つは、明暦の大火での江戸城や城下の復興費用がかさんだこと、もう一つは各金山銀山からの産出量が激減したことだ。

　戦国から江戸初期までやたら採掘しすぎて、資源が枯渇してしまったのだ。とくに佐渡の金銀産出量は激減していた。そのうえ綱吉が神仏を篤《あつ》く尊崇《そんすう》し、寺社造営費や修復費に莫大な資金が投入していた影響も少なくない。

元禄小判

　ともあれ、赤字を埋めるため、幕府は重秀の主張する貨幣改鋳政策を採用したというわけ。たとえば、それまでの慶長小判の金の含有量は約八五％あったが、改鋳された元禄小判はたった五七％。三〇％近くも金の含有量を減らし、銀を足して水増ししたのである。
　そんな悪貨が出回ったので、貨幣に対する信用は薄れ、物価が上がって庶民の生活は苦しくなった。ゆえに荻原重秀には、悪どい官吏《かんり》というイメージがつきまとうのだ。

日本一の金鉱山・佐渡の衰退

重秀は、幕府の旗本・種重の次男として生まれた。種重の禄は二百俵にすぎなかったが、財政を扱う勘定《かんじょう》所の勘定（役人）を務め、その後、残物《のこりもの》奉行を務めた能吏だった。

延宝二年（一六七四）、勘定所は新たに勘定三十二名を召し出した。検地をおこなう必要からだと思われるが、このとき、そのなかに十七歳の重秀も含まれていた。

以後、重秀は不正な代官や役人を徹底的に粛清するなどして頭角を現し、勘定組頭から勘定頭差添役《さしそえやく》（勘定吟味役）へと出世、元禄三年（一六九〇）には、佐渡奉行を兼務することになった。

よく知られているように、佐渡は日本一の金鉱山である。ただ、もともとは銀山から始まっている。戦国時代後期に銀が大量に産出し、豊臣政権時代は上杉景勝が管理していた。それを関ヶ原合戦で勝利した家康が慶長五年（一六〇〇）に手に入れ、代官として敦賀《つるが》（現在の福井県）の豪商・田中清六を派遣した。すると翌年、佐渡で金の大鉱脈が発見されたのだ。

清六は自由に金を採掘することを許したので、多くの山師らが佐渡へ殺到して坑道（間歩《まぶ》）を掘った。ただ、採掘期間は無制限ではなく、一定の期間が過ぎると、間歩の入札をおこない、最も高額な運上《うんじょう》（税）を払う者が採掘権を落札した。この制度を運上入札制と呼ぶ。

ただ、盛況だった採掘事業は数年後に頓挫《とんざ》する。湧き水や洪水によって間歩が水没し、多くが採掘不能になってしまったのだ。

清六に代わって佐渡の金銀山を支配した大久保長安は、多くの間歩を山主から引き取り、谷底から水を抜くための坑道をうがって間歩を復活させ、山師に扶持米《ふちまい》を与えて採掘にあたらせた。

その後、家康は金銀山の直接経営に乗り出し、さらに幕府は元和四年（一六一八）に正式に佐渡奉行を置き、山主たちへの歩合制を採用したが、次第に金銀の産出量は減っていった。それを増やすため、間歩は地中深くへ伸びていく。当然、地下水が間歩に入り込む。これを外に排出するため、多くの人員を雇い、莫大な労力をかけて器械で水をくみ上げたが、結局、大半の間歩が水没してしまった。

こうして将軍・綱吉の時代には、佐渡の金銀山は見る影もないほどに衰退してしまったのである。

佐渡奉行となり佐渡金山を再生させる

元禄四年（一六九一）四月、佐渡奉行となった重秀は、佐渡の相川御役所に着任した。そしてすぐに山奉行（現地役人）に金銀山の様子を詳しく報告させたのである。さらに味方与次右衛門や大阪惣左衛門ら山主らにも金銀山の盛衰を書き出させて提出させた。

このとき山主たちは、「いまは産出量が激減して私どもは力を失い、お上が管理する御《お》直山《じきやま》にすがりその日をしのいでいる有り様です。まだこのあたりには金銀の鉱脈がありますから、ぜひお上の資本を多く投下していただきたい」と依願した。

これに対して重秀は、「確かに佐渡の金銀山は衰微して状況がよくないと聞いている。このたび、十分に資金を提供するので、このうえは精を出して勤めよ」と回答した。実際、元禄八年（一六九五）から元禄十五年までの間に十一万三千両もの大金を投入したのである。

その金額の多くは、南沢大水貫《みずぬき》の工事費にあてられた。これは疏水《そすい》のための坑道で、長さは五百間（約一キロメートル）に及んだ。この大工事は開始六年目の元禄九年に完成したが、『佐渡年代記』は、そのときの様子を以下のように描写している。

「割間歩より南沢までの水貫間切を切り通し、諸間歩に湛《たた》へし水、一時に流れ出、樋引賃銀の失費を省《はぶ》くのみならず、水になりし稼ぎ所出て追々出方を増し、まことに夜の明けしが如く、国中の者、知ると知らざると鼓舞して万歳を唱ふ」

このように、水没していた多くの間歩が、この疏水坑道のおかげで水が抜けて再び採掘が可能になったのである。しかも以後はまったく排水の必要がなくなり、金銀の産出量も増えていった。結果、相川など鉱山町の活気も戻り、人口も上昇に転じた。

さて、重秀はこのように、莫大な資金を投下して金銀山を再生させたが、現地の役人たちに対しても、細かい勤務心得などを与え、役所の風紀を糺《ただ》している。こうしてわずか二カ月半の滞在ののち佐渡の地をあとにした重秀だったが、以後、二十二年間にわたって佐渡奉行を務めたものの、二度と佐渡の地を踏むことはなかった。しかしながら、江戸から事細かに指示を出したようで、佐渡の金銀山の産出量は年々伸びていった。

佐渡の検地で年貢もほぼ倍増

特筆すべきは、重秀が元禄六年（一六九三）から佐渡国の検地を半

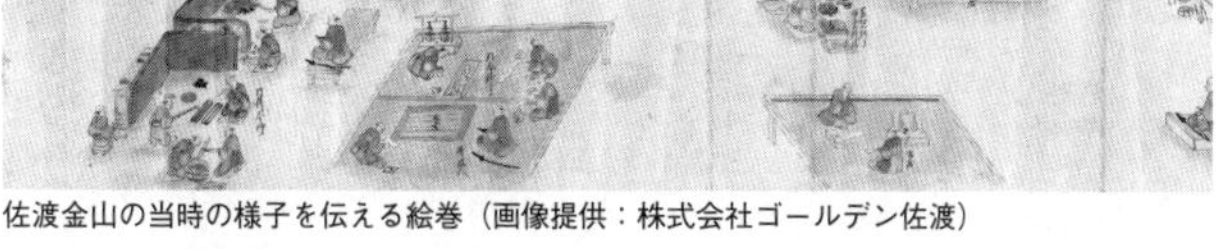

佐渡金山の当時の様子を伝える絵巻（画像提供：株式会社ゴールデン佐渡）

年かけて実施したことである。すでに佐渡での滞在中、重秀は村々の名主や組頭を集めて誓詞を書かせたうえで、昨年の各村の収穫量や田畑の耕作者などをすべて書き出して提出せよと厳命した。すると、それまでの収穫量よりずっと多かったのだ。このため、この年の年貢は八割も増やすことができた。

これは、佐渡の村々が田畑の収穫量をごまかしていたからではない。幕府開闢《かいびゃく》以来、一度も検地がおこなわれていないのが原因だった。当然、百年も経てば、農業の発達によって土地の生産力は向上するだろうし、新田も開発されるだろう。だが、幕府は百年前の年貢率《ねんぐ》を変えていなかったのである。

そこで重秀は、二年後の元禄六年、佐渡の総検地を断行した。結果、佐渡一国の石高は、田畑合わせて約十三万石となった。これまでの年貢は二万五千石だったが、この検地によって年貢高は四万五千石、なんと倍近く増えたのである。

ただ、増税は当然、農民の強い反発を呼ぶ。重秀はそれをやわらげるため、畑の年貢については米納から銀納にしたり、田んぼの年貢の半分も銀納を認めるなど、配慮してやった。いずれにせよ、重秀を佐渡に送ったことにより、幕府は財政上大いに潤うことになった。

時代が早すぎた「名目貨幣」への経済政策

前述のとおり、元禄八年（一六九五）、重秀は質を落とした金銀を発行する貨幣改鋳を断行した。この改鋳で幕府が得た差額は、五百万両を超えたといわれる。莫大な額であった。教科書には、この政策によって物価が上がったと書かれているが、村井淳志氏の試算によれば、わずか三％程度のインフレであったという。さらに村井氏は、悪評高い重秀の貨幣改鋳を、次のようにプラスに評価している。

「金銀含有量がちがうのに、同価として扱うという考え方は、貨幣観の大きな転換を意味する。貨幣論でいう、「実物貨幣」から「名目貨幣」への第一歩をしるすものであった」と論じる。しかも少なくても重秀は「実物貨幣から名目貨幣へ」という貨幣観を自覚的に持ちながら、改鋳作業を指揮していた」（『勘定奉行　荻原重秀の生涯――新井白石が嫉妬した天才経済官僚』（集英社新書、二〇〇七年）と断じる。

実際、『三王外記《さんのうがいき》』という同時代の史料には、重秀がこれまでより軽くて薄い銅銭を発行したさい、「貨幣は国家がつくるものだから、瓦礫《がれき》をもって貨幣としてもかまわない。今回鋳造した銅銭も紙よりましであるから、どんどん鋳造すべきだ」と述べたと書かれているという。まさに貨幣は国家の信用によって成立するという現代同様の考え方を有していたことがわかる。元禄時代は財政難だけではなく、経済規模が一気に拡大しており、貨幣が不足しがちになっていた。それゆえ、経済を回すためにも貨幣の大増産が必要であり、重秀の政策は当を得ていたといえる。

だが、六代将軍・家宣《いえのぶ》の時代に幕政を主導した新井白石《あらいはくせき》は、そうした重秀のやり方が理解できなかった。神聖な貨幣の質を落として悪貨という害毒を天下に流し、しかも差益で利益を得るというやり方を許せなかった。しかも重秀は、多額の賄賂《わいろ》を得ていると信じ込んだ。理想論者でまじめな白石は、家宣に対して重秀の罷免《ひめん》を求める封書を提出した。

「重秀天下の財賦《ざいふ》を掌《つかさど》れるより此《この》かた、祖宗の良法ことごとくやぶれて、土民の怨苦《えんく》しきりに生ぜし事共は、世の人あまねくしれる所」(新井白石著、松村明校注『折たく柴の記』岩波文庫、一九九九年)

と述べ、重秀の悪行を並べたが、将軍・家宣は「才能がある者は徳がない。徳がある者は才能がない。すぐれた人材はまことに得難い。重秀の人となりを知らないわけではないが、天下の財政をつかさどることができる人物がいないのだ」と白石の要求を却下した。

新井白石による執拗な糾弾

もはや、重秀なしには幕府の財政が回らない状態になっていたのだ。だが、それからも二度、白石は重秀の罷免を求めた。「天地開闢《ひらけひら》けしより此かた、これら姦邪の小人、いまだ聞も及ばず」（『前掲書』）と罵倒し、三度目の意見書には、要求が聞き届けられなければ重秀を殺すとほのめかしたのである。

佐渡金山、江戸時代の露天堀り跡「道遊の割戸」（写真提供：ゴールデン佐渡）

そこまでの決意を知って驚いた家宣は、ついに正徳二年（一七一二）に重秀の勘定奉行職を解いたのである。同時に重秀は、三千七百石の知行を召し上げられ、嫡男の乗秀にはわずか七百石のみが新たに下賜《かし》された。重秀に対する完全な処罰であった。

その翌年、重秀は五十六歳で死去した。処罰に抗議して絶食して餓死したとも、切腹したとも、新井白石に抹殺されたともいわれている。いずれにせよ、尋常な死ではなかったようだ。

なお、重秀の死後、白石は貨幣改鋳をおこなったが、教科書では次のように評している。「金の含有率を下げた元禄小判を改め、以前の慶長小判と同率の正徳小判を鋳造させて、物価の騰貴をおさえようとした。しかし、再度の貨幣交換はかえって社会に混乱を引きおこした」（前掲『詳説日本史B』）

そう、白石の金融政策は、失敗に終わったのである。

なお、佐渡では重秀の死が伝わると、彼のために相川下寺町の本典寺《ほんでん》に供養塔がつくられた。その石塔には、佐渡奉行所の役人だけでなく、金銀山関係者や町人など参詣者が絶えず、以後も毎年その忌日《きにち》には多くの人々が詣でたという。

百四十通以上も現存する坂本龍馬の手紙

龍馬が歴史教科書から消えるかもしれない

高校生のときに司馬遼太郎の『竜馬がゆく』を読んで、坂本龍馬に憧れるようになったことは、拙著『逆転した日本史』（扶桑社新書）でも書いた。そんな龍馬の業績は、薩長同盟の仲介と大政奉還の土佐藩への献策であり、日本史の教科書には必ず載っている。

ところが近年、龍馬は薩長同盟が成立したとき、そこに同席していなかったという衝撃的な説が出た。

また龍馬は、土佐藩の後藤象二郎に大政奉還策を勧めるさい、船中八策《せんちゅうはっさく》と呼ぶ詳しい新政府構想を提示したので後藤も乗る気になったといわれてきた。ところがそんな船中八策は、明治時代になってから創作されたものであるという説が登場している。

あまりにショッキングな内容だが、興味があれば拙著『教科書に載せたい日本史、載らない日本史』（扶桑社新書）に詳しく記しておいたので、そちらを参考にしていただきたい。

このように、龍馬最大の業績が薄らいでいくなかで、「学校の授業で龍馬を教えなくてもよいのではないか、教科書から削除してもよいのではないか」という意見が研究者や教育者から現れてきた。

龍馬ファンの私としては、悲しい限りだ。

一番人気の龍馬の手紙

ただ、薩長同盟の席にいなかったとしても、薩摩藩と盟約を結んだ木戸孝允《たかよし》は、すぐに同盟の条文（全六条）を認めた書面を龍馬に郵送し、間違いないかの保証を求めている。

じつは薩摩藩の小松帯刀《たてわき》と西郷隆盛は、取り決めた同盟について明文化を避けたようだ。薩摩藩内には、長州と手を結ぶことに消極的な勢力もあり、西郷らはこれに配慮したに違いない。一方の木戸は、わざわざ京都まで出向いて目に見える成果がなければ長州の同志に対して面目が立たない。そこで同盟の内容を箇条書きにし、龍馬に裏書きを頼んだのである。

慶応二年（一八六六）二月五日、龍馬は木戸の求めに応じ、条文の裏側に踊るような鮮やかな朱筆で、裏書きをしたためた。

「表に御記なされ候六条（薩長同盟の条文）ハ、小（薩摩の小松帯刀）、西（西郷隆盛）両氏及び老兄（木戸孝允）、龍（坂本龍馬）等も御同席ニて談論セシ所ニて、すこしも相違之無く候。後来といへども決して変わり候事之無くハ、神明の知る所ニ御座候。

丙寅　二月五日　坂本龍」

これによって薩長同盟はようやく効力をもち始めたのである。一介の脱藩浪人である龍馬の力の大きさがわかるだろう。

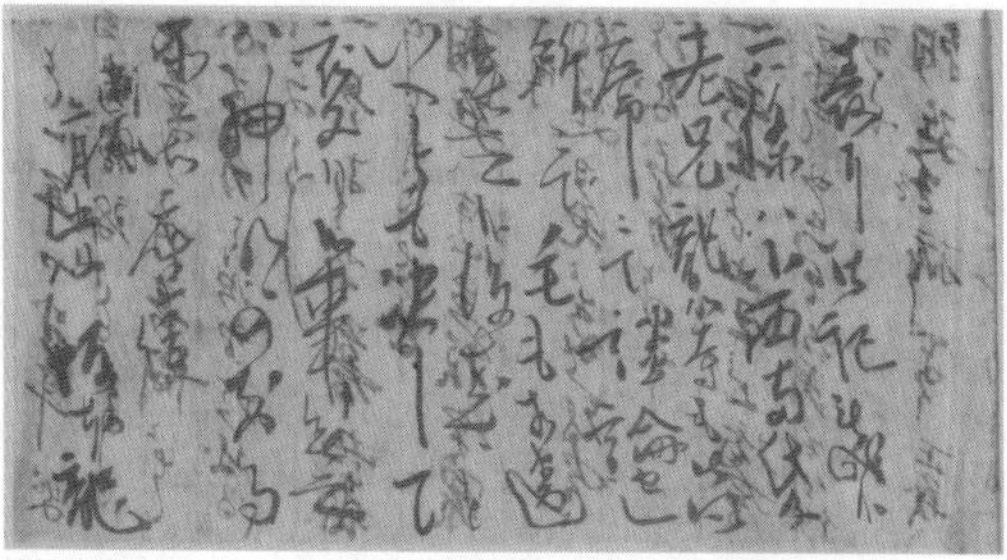
薩長同盟条文にしたためられた龍馬の裏書き（宮内庁書陵部所蔵）

この手紙は、宮内庁書陵部に所蔵されているが、とくに龍馬の手紙のなかでも大人気らしく、書陵部図書課保存調査室主任研究官の田代圭一氏の調査によれば、展覧会への出陳はたびたびあり、さらに「映像への使用回数は、平成28、29年度は6回、30年度は4回、令和元年度は1回、2年度は4回、3年度は2回、書籍への写真掲載は、平成28年度は15回、29年度は27回、30年度は14回、令和元年度は

8回、2年度は9回、3年度は2回と、書陵部所蔵資料の中では群を抜いて多い」（『高知県立坂本龍馬記念館だより　飛騰　第121号』）そうだ。

ちなみに龍馬の手紙は140通以上、判明しており、「日本を今一度、洗濯いたし申し候」という書簡は有名だし、なかには重要文化財になっているものもある。彼の人柄がわかる手紙も多いので、私が好きなものをいくつか紹介したい。

強引で無謀な行為は嫌った龍馬

まずは元治元年（一八六四）六月二十八日付の姉の乙女《おとめ》宛の手紙。

「小野小町が名歌詠《よ》みても、よくひでりの順のよき時は請け合い、雨が降り申さず。あれは北の山が曇りてきた所を、内々よく知りて詠みたりし也。新田ただつね（義貞）の太刀納めて潮の引しも、潮時を知りての事なり。天下に事を為す者は、ねぶと（腫れ物）もよくよく腫れずては、針へは膿をつけ申さず候」

小野小町が雨乞いの歌を詠んで雨が降ったというが、あれは北の山が曇って雨が降りそうになったのを知ったうえで詠んだのだ。また、鎌倉攻めのさい、大将の新田義貞が太刀を海に投げ入れると、潮が引いて陸地が現れ、そこから鎌倉へ攻め入ったというが、これも事前に潮が引く時間帯を見計らってのこと。だから天下に事を為そうとする者は、ねぶと（おでき）がよく腫れたところへ針を刺して膿を出して治療すべきだ。

このように龍馬は、物事にはタイミングがあり、それを見計らって動けと言っているのだ。なかなか卓見だし、おそらく薩長同盟や大政奉還も、機を見て動いたのだろう。

とはいえ、強引で無謀な行為は嫌ったのが龍馬だった。みなさんは、龍馬が京都の近江屋であっけなく刺客に暗殺されたので意外に思うかもしれないが、文久三年（一八六三）六月二十九日の乙女宛書簡で、

「土佐の芋掘りともなんともいわれぬ居候に生まれて、一人の力で天下を動かすべきは、是又天よりする事なり。こう申しても決して決してつけあがりはせず、ますますすみかふて、泥のなかのすずめ貝のように、常に土を鼻の先につけ、砂を頭へかぶりおり申し候」

と記している。すずめ貝とは土佐の方言で、シジミ貝のこと。龍馬は、「自分は土佐という片田舎の坂本家の居候として生まれましたが、やがて天下を動かすことになるだろうと姉に大言を吐き、一方で、だからといってつけあがることなく、泥のなかのシジミのように、常に土を鼻の先につけ砂を頭へかぶるように慎重に行動している」と告げているのだ。

一時の感情によって軽挙妄動せず、慎重に行動すべきことをモットーとしていたことが

わかる。しかも龍馬は冷徹なリアリストだった。

冷徹なリアリストでもあった龍馬

慶応三年（一八六七）正月十二日、龍馬は長崎で土佐藩の重臣・後藤象二郎と対面する。翌月、龍馬は脱藩の罪を許され、亀山社中《かめやましゃちゅう》も海援隊と改めて土佐藩に属することになり、運営資金もすべて藩費でまかなってもらえることになった。

けれど、後藤と手を握った事実を知った姉の乙女は、手紙で龍馬の行為を難詰した。なぜなら後藤は、かつて龍馬の仲間であった武市《たけち》半平太など土佐勤王党を弾圧した中心人物だったからだ。

これについて龍馬は慶応三年六月二十四日の乙女宛の手紙で、

「五百人や七百人の人を引て、天下の御為《ため》するより、二十四万石を引て、天下国家の御為致すが甚だよろしく、恐れながらこれらの所には、乙様の御心には少し心が及ぶまいかと存じ候」と述べている。

つまり、天下の大事を為すため、龍馬は二十四万石を動かせる後藤というかつての政敵とあえて手を握ったのだ。

このように龍馬は、徹底したリアリストだった。壮大な理想を追い求めながらも、常に現実的な計算のもとで行動し、個人的な憎しみを超えて動いたのである。

やはり坂本龍馬という青年は、スゴいと思いませんか。

ただ、こんな手紙も乙女宛に書いている。

「この頃、妙な岩に行き、かなぐり上りしが、ふと四方を見渡して思うに、さてさて世の中というものは、牡蠣殻《かきがら》ばかりである。人間というものは、世の中の牡蠣殻のなかにすんでおるものであるわい。おかし、おかし」

龍馬がいう妙な岩とは、龍馬が目指している目標を岩にたとえたのだろう。その目標とは、日本を近代国家にして富国強兵を短期間に成し遂げ、列強諸国から日本の独立を守ることだったと私は思っている。

そんな目標（岩）に向かってかなぐり（がむしゃらに）のぼっていき、ふと周囲を見渡してみると、岩の下のほうにびっしりと牡蠣殻がへばりついている。世の中の人間という

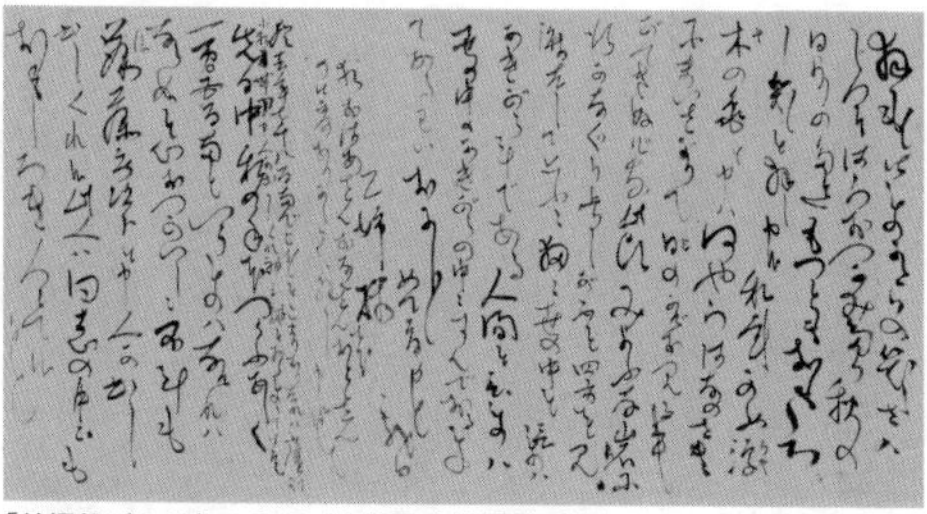

「牡蠣殻ばかり」の手紙（京都国立博物館所蔵）

ものは、牡蠣殻のような狭い世界に住んでいることがわかった、そう言っているのではなかろうか。きっと、仲間の藩士たちが各藩の利害関係にとらわれ、日本という大局的な観点に立って動くことができぬのを見て、不甲斐なく思ったのかもしれない。

龍馬がそうした気持ちをもったのは、彼が浪人だったからだろう。脱藩したことによって藩という枠組みを突き抜け、高い視点から物事を見ることができたのだ。だからこそ、龍馬は大きな偉業を成し遂げることができたのではなかろうか。

ただ、この手紙をしたためたわずか半年後、龍馬は刺客《しかく》に襲われ、三十三歳の生涯を閉じたのである。

日本近代外交の礎を築いた剃刀大臣・陸奥宗光の無念

かつての龍馬の片腕は、欧米との不平等条約撤廃に尽力

陸奥宗光《むつむねみつ》は、紀州藩士の子に生まれたが、八歳のとき父の伊達宗広が失脚すると、一家離散の状態となり、困苦を強いられた。やがて脱藩して志士たちと交際するようになり、亀山社中や海援隊で坂本龍馬の右腕として活躍した。龍馬の死後は海援隊から離れて岩倉具視《いわくらともみ》の信用を得て新政府に入り、神奈川県令、元老院議官などを歴任するが、明治十年（一八七七）に西南戦争が起こると、自由民権派の土佐の立志社（政治結社）と結託して政府高官の暗殺を計画した。当時、薩長閥が大きな力を握っており、自分より無能な者が、薩長出身というだけで高い地位にいるのが許せなかったようだ。

不平等条約の一部改正を成功させた陸奥宗光

結局、計画は露見し、陸奥は五年の懲役刑となった。服役中に陸奥は気持ちを改め、権力の中枢へ入ろうと決意。出獄後は民権派と距離を置き、伊藤博文の勧めで渡欧して学問に励み、その後は駐米公使を務め、帰国して山県有朋内閣の農商務大臣となった。

さらに第二次伊藤博文内閣の外務大臣を務め、イギリスとの間で領事裁判権を撤廃する新条約の締結に成功した。剃刀《かみそり》大臣とあだ名され、伊藤内閣が議会の攻撃によって辞職の危機に陥《おちい》ると、強引に日清戦争を勃発させて挙国一致にもち込み、内閣の危機を救った。日清戦争の講和（下関）条約では、首相の伊藤とともに日本全権として清の李鴻章《りこうしょう》と交渉をおこない、多額の賠償金を得、遼東《りょうとう》半島や台湾を割譲《かつじょう》させた。

ところがまもなくロシアがドイツとフランスを誘って、遼東半島を返還するように迫ってきた。仕方なく三国干渉に屈した日本だが、するとロシアは日本に返還させた遼東半島の大連と旅順を強引に清国から租借《そしゃく》し、旅順には頑強な大要塞を構築し始め、半島全体を影響力下に置いてしまう。さらに朝鮮半島への影響力を強め、朝鮮に親露政権を誕生させた。

こうした動きのなかで、外務大臣の陸奥は何をしていたのか。

残念ながらほとんど何もできなかったのだ。というのは、持病の結核が悪化し、静養を余儀なくされていたのである。このため、欧米留学時代からの盟友の一人・西園寺公望《さいおんじきんもち》文部大臣が外務大臣の省務を代理で見ることになった。

西園寺は、よく陸奥の意見を聞きながら、日本の外交をになってくれたようで、これに感激した陸奥は、家族に「余《よ》死するも、汝等《なんじ》は西園寺の厚意を忘るゝこと勿《なか》れ、その実を行はずして徒《いたず》らにその名を負ふを辞せざること、知己に非ざれば能《あた》はず」（渡辺幾治郎『陸奥宗光伝』改造社、一九四一年）と語ったという。

現職外務大臣なのに、機密も含めた外交記録を出版

陸奥は神奈川県の大磯で保養しつつ、執筆活動に力を注いでいった。日清戦争に至る過程、戦争中の外交、下関条約締結の経緯、そして三国干渉について、自分の行動を中心に外務省の機密文書などあらゆる資料を用いて詳細な外交記録を書き始めたのだ。これが、のちの『蹇蹇録《けんけんろく》』である。

じつは『蹇蹇録』を書く前に、陸奥は『露独仏三国干渉要概』という外交記録を記し、明治二十八年（一八九五）五月までには刊行していたという。これを読んだ伊藤博文は驚き、すぐに陸奥に書簡を出して「穏やかでない文言が並んでいる。まだ役人たちに配って

いないのなら、見合わせてほしい。言論については十分謹《つつ》しむことが国家の利益を保護することになるわけで、万が一漏れたら一大事だ」とたしなめた。

対して陸奥は、「お気持ちはわかります。ただ、これは既往の事実を記したまでで、主観をはさんではいませんし、不穏当な箇所は修正する所存。すでに海外の外交官にも配ってしまっており、いまさらどうしようもありません。ただ、これが世間に漏れることはありません」と答えている。

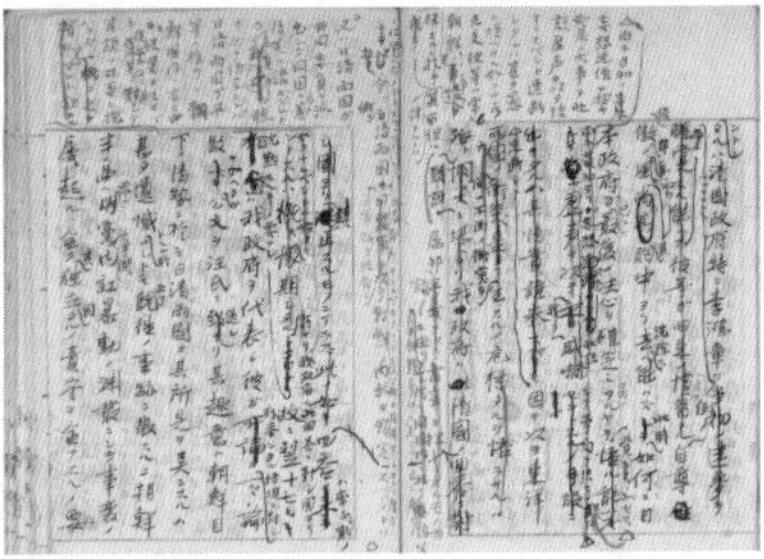
『蹇蹇録』の草稿

なお、陸奥は明治二十九年二月に『蹇蹇録』を完成させたようだ。この書は、伊藤の危惧も考慮して政府内で原則秘匿《ひとく》されたが、陸奥が知人や部下に配ったこともあり、ある程度巷間に漏れてしまった。研究者の中塚明氏は、その著書『『蹇蹇録』の世界』（みすず書房、二〇〇六年）のなかで、「療養中とはいえ外務大臣の現職のまま、自分の直接かかわった外交問題について、その事件の直後に、ことの顛末《てんまつ》を記述し出版するというのは、近代日本であとにも先にもない異例のことであった」と述べている。

それにしてもなぜ陸奥は、外交上の機密を含む膨大な記録『蹇蹇録』をしたためたのだろうか。

一つには、三国干渉に対する弁解のためだ。自分の失態から起こったわけではなく、余儀ないものであり、責任は青木周蔵ドイツ公使や軍部、他閣僚にあるということを臭わせたのだ。ただ、中塚明氏は、『蹇蹇録』は、

「陸奥が、その〈栄光の記念碑〉として、内から沸き起こるみなぎる自信に裏打ちされて書き上げたものといえる。もちろん三国干渉の〈屈辱〉に対する非難に反駁《はんぱく》することも、その目的の一つには違いなかったにせよ、ただその弁明のためにのみ『蹇蹇録』が書かれたと考えることは、陸奥の閲歴からみて真っ当な意見とはいいがたい。そうだからこそ、帝国主義時代の開幕期の国際関係のなかにあって、日本の朝鮮・中国への侵略の事実にも、かなりあからさまに書いてはばからなかったのである」（『前掲書』）

と述べている。おそらく陸奥は、この成果をもって政界の頂点、総理大臣となって権力を握ろうと考えていたようだ。

藩閥に対抗する一大勢力を有し、最も総理に近い立場に

この頃、陸奥は数多くの有能な部下や弟子を抱えるようになっていた。いずれも自分と同じ薩長閥でない非主流派だった。ただ、陸奥と同様に極めて頭脳の回転が速く、政治や外交の資質を有していた。その一部を挙げると、のちに衆議院議長や東京市会議長として活躍した星亨、首相となった原敬、日英同盟を締結した林董《ただす》、不平等条約を改正した小村寿太郎《じゅたろう》、農林大臣となった親戚の岡崎邦輔《くにすけ》、枢密《すうみつ》顧問官となった竹越与三郎などだ。

こうしたすぐれた能吏集団を擁した陸奥は、いまや藩閥に対抗できる一大勢力を有し、最も総理に近い男であった。しかもかつて民権派だったので、最大野党である自由党との太すぎるパイプをもっている。また、西園寺公望（のちに首相で最後の元老）とは固い友情で結ばれていた。そのうえ、長州閥の伊藤博文と井上馨《かおる》との絆《きずな》も強い。

この陸奥の立ち位置を考えたならば、陸奥が部下や自由党有志を集めて強大な政党を立ち上げ、日本で初めての政党内閣をつくった可能性もあったろう。

大磯で療養している陸奥に対し、伊藤は「まだ復職できないか」と求めてきた。また、ドイツ人医師ベルツ（お雇い外国人）に陸奥のことを診察させ、復帰が可能かどうかの判断もさせた。前途多難な国際関係において、剃刀大臣の外交力は欠かせぬものになってい

たことがわかる。陸奥の病状もこの頃は一時的に安定していた。このため、明治二十九年（一八九六）四月、陸奥は久しぶりに東京の外務省に戻り、公務に復帰した。

そして、陸奥は議会対策として、伊藤に献策して自由党の板垣退助を内務大臣にすえさせたのである。だが、五月になると、熱が続くようになり、再び大磯での療養を余儀なくされた。五月後半に再び上京したものの、「いまきちんと治療に専念しなければ、命にかかわる」というベルツらの診察結果が出た。

ここにおいて陸奥は、他日を期して外務大臣を辞任することにしたのである。こうして明治二十九年五月三十日に三年十カ月月の大臣生活は幕を閉じた。

家族と別れるより政治から離れるほうがつらい

六月下旬、病が小康を得ると、陸奥は外務省に足を運び、子弟たちとの旧交を温め、政治活動を再開した。そして、自分が総理大臣になったら、このような政策をおこなうつもりだと、得々と親友や子分たちに語ったという。

だが、陸奥のやせ衰えた身体、落ちくぼんだ眼窩《がんか》を見るにつれ、その命がもはや尽きようとしているのは誰の目にも明らかだった。ゆえに、部下たちは悲しすぎて陸奥の顔を正視できなかったという。

陸奥は、温暖な海岸が結核の療養に適しているということをベルツから聞くと、にわかにハワイ旅行を思い立った。そして明治二十九年六月二十二日、横浜からハワイへ向けて旅立った。だが、病状は一向に好転せず、八月十七日に帰京した。

翌月、陸奥が嫌いな松方正義が、同じく陸奥が毛嫌いする大隈重信を外務大臣に登用し、第二次松方内閣を発足させた。俗にいう松隈《しょうわい》内閣である。

すると陸奥は、竹越与三郎に『世界之日本』を発刊させ、誌面に匿名で激しく、そして鋭い舌鋒で、時の政治や松方・大隈批判を展開していった。さらに翌年三月、板垣退助が自由党総理を辞任すると、松田正久ら自由党の重鎮が陸奥を総理にしようと動き出した。陸奥は親戚の岡崎邦輔を自由党に入党させ、さらに新潟県や東北地方の名望家を竹越与三郎に調べさせた。近いうちに同地方へ赴《おもむ》いて農村の実力者たちと会って勢力を扶植《ふしょく》しようと考えていたようだ。きっと自由党総理になることを前向きに考えていたのだと思う。

だが、初夏になると、いよいよ陸奥の病は篤《あつ》くなる。もう回復の見込みはなくなった。

そんな八月四日、陸奥は盟友の後藤象二郎が死去したことを知る。すると陸奥は、『世界之日本』の記者を呼び、『後藤伯』の一文を口述筆記させた。このなかで陸奥は、後藤が世の中に存在してもしなくても、政治上、何も変わらなかったと、哀悼《あいとう》とは思えぬ皮肉を吐いた。三十年来の友人だから言える言葉であり、そこに、陸奥独特の歪曲《わいきょく》した後藤への愛情を見ることができる。

だが、そんな陸奥も、それから一月もせずに後藤のあとを追って、黄泉《よみ》へと旅立つことになってしまった。『後藤伯』を口述した日から陸奥の容態はみるみる悪化し、八月半ばには毎日楽しみにしていた新聞さえ読むことができなくなった。

海援隊時代の同志であり、義弟でもあった中島信行は、最後の別れを告げるため、陸奥のもとを訪れた。その中島が新聞記者に語ったという談話が前掲の渡辺幾治郎著『陸奥宗光伝』に紹介されている。

「余（中島信行）も病中であつたが、推《お》して見舞ふたのはまったく訣別の心得であつた。陸奥は平生の活発にも似ず、涙を含んで、中島君よ、僕は妻子に別るゝも敢《あえ》て悲しまず、家事などは固《もと》より心頭に掛けぬが、余の悲しむ所は則《すなわ》ち君等を始め現に此の政治上の連鎖より空しく脱する事が……伊藤（欧米旅行中なり）へも君が逢ふたら之を伝言して呉れたまへ。いやこれでさつぱりした。最早《もはや》君も病中なら遠慮に及ばぬ。早く帰りたまへと、元気よく握手して立ち別れたのである。君は死に至るまで政治を忘れなかつた」

家族と別れるより、政治から離れなくてはならないほうがつらいというのは、なんとも陸奥らしい言葉である。が、それにしても、痛々しく哀れだ。

明治三十年（一八九七）八月二十四日、とうとう陸奥は危篤に陥り妻子がその枕頭に集まってきた。午後三時四十五分、家族に見守られながらついに陸奥は息絶えたのだった。まだ五十四歳であった。

子供のときに一家離散の憂《う》き目に遭い、若くして坂本龍馬を知った陸奥宗光という才子は、己が龍馬になることを目指して明治政府に身を投じたが、藩閥という巨大な壁が目の前に立ちはだかり、この壁を破ろうと血だらけになってあらがい、ついに幽囚の身に落ちた。

その後は自ら藩閥に身を投じて実力を蓄えるとともに、自由党ともパイプを培《つちか》い、ついに大臣となってその政治力を存分にふるうに至ったのである。そしていま、政界に一大勢力を有する身となって、いよいよ日本の政治を統《す》べる位置に立った。が、総理の椅子を目の前にしながら、剃刀と呼ばれた政治的天才は、病魔によって天界へ連れ去られた。

運命は苛酷だが、陸奥亡きあと、彼の遺志は盟友の伊藤博文と西園寺公望、そして愛弟子の原敬が引き継いでいったのである。

第二章　江戸時代に、現代に勝る技術を生み出した天才たち

『天地明察』の主人公・渋川春海の改暦作業の真実

江戸初期まで八百年も同じ暦を使い続けていた日本

現代人の多くは考えもしないだろうが、暦《こよみ》は農業にとってなくてはならないものだ。その年によって気候は大きく変動するので、温かくなったからといって季節外れの時期に種をまいたら農作物は育たない。とはいえ、暦をつくるには、太陽や月など天体の動きを正確に計算する高度な知識が必要だ。だから古代中国では、皇帝が専門家に暦をつくらせて民に与えてきた。周辺の王たちも中国の皇帝から暦を頂戴し、これを用いた。日本も同様で、これまで元嘉暦《げんかれき》、儀鳳暦《ぎほう》、大衍暦《たいえん》、五紀暦《ごき》と中国の暦を使用してきた。

ところが貞観四（八六二）年に宣明暦《せんみょう》を導入して以後、遣唐使を中断したこともあって、なんと日本では江戸時代になるまで八百年以上も同じ暦を使い続けていたのである。

当時、暦は完璧なものではなく、一太陽年の長さも年々短くなることから、長年使用し続けていれば、どんどんと誤差が大きくなってくる。だから定期的に新しい暦をつくり直す必要があった。

本場の中国では、宣明暦は七十年しか使用しておらず、その後、何度も暦を改めてきた。とくに江戸時代における清（中国）では、ヨーロッパの技術も導入した精度の高い暦を用いていた。一方、ずっと同じ暦を使い続けていた日本では、二日間ものズレが生じ、農業にも影響が出始めていた。

そこで幕府の重鎮だった保科正之《ほしなまさゆき》（将軍・家光の異母弟）は、現状に見合う暦を作成しようと思い立ち、家臣の安藤有益《ゆうえき》と島田覚右衛門に改暦の準備を指示、儒者の山崎闇斎《あんさい》と渋川春海《しぶかわはるみ》にその監督を命じたのである。

改暦の命を受けた渋川春海はプロ棋士だった

この春海こそが、のちに初めて日本独自の貞享暦《じょうきょうれき》をつくった人物である。

ただ、春海はもともと暦の専門家ではなかった。意外にも、碁所《ごどころ》と呼ばれる幕府公認のプロの棋士であったのだ。

父の安井算哲《さんてつ》は、わずか十一歳で徳川家康に碁の腕を見込まれ、碁所に登用された伝説の棋士だったが、なかなか子に恵まれず、弟子の算知《さんち》を跡継ぎにした。春海はその後に生まれた子だった。ただ、十三歳のとき父の算哲が死去したので、二世算哲と称して算知の助けを借りながら、プロ棋士の道を歩み始めていた。

しかし、春海が本当に興味をもっていたのは、天文・暦学であった。子供のときから数年間も天体観測をおこなうほど入れ込んでいた。ある人が「北極星は動かない」と断言したさい、それを明確に否定し、動くことを証明してみせたという伝説もある。

その後、春海はさらに岡野井玄貞《おかのいげんてい》や松田順承《じゅんしょう》から専門的な天文・暦学を修得、また山崎闇斎や土御門《つちみかど》（安倍）泰福《やすとみ》からは神道を学んだ。

ただ、春海を立派な棋士に育てようとした算知は、棋道に専念しない春海のことを心配していた。そしてあるとき、碁を打ちながら保科正之に春海のことを愚痴ったと伝えられる。が、まさに正之は改暦を考えていたので、これ幸いに春海に改暦作業の監督を命じたのだという。逸話の真偽は不明ながら、これが事実なら運命的なものを感じる。

正之との出会いによって、春海は改暦作業にのめり込んでいった。毎日、睡眠時間を削ってまで望遠鏡をのぞいて天体観測をおこない、元（モンゴル）の時代につくられた授時暦《じゅじ》をもとに、日本独自の暦をつくろうと複雑な計算に熱中した。行き詰まったとき、夢に老人が現れて答えを教えてくれたという逸話もあり、いかに春海がこの作業に没頭していたかがわかる。

日本独自の暦へのこだわり

ところで、正之や春海が当時の中国（清）の時憲暦《じけん》を導入するのではなく、日本独自の暦をつくろうとしたのは、当時の世相が反映していた。

江戸時代初期、漢民族の国家である「明」が亡び、満洲族の興《おこ》した「清」が中国全土を平定した。これを日本の知識人たちは、日本がかつて朝貢してきた正統な中華王朝が蛮族に滅ぼされ、中国は野蛮な国になったと考えるようになった。これをのちに「中華が蛮夷に変わってしまった」という意味で華夷変態《かいへんたい》と呼ぶようになる。ともあれ、「中国が蛮国となったいま、日本こそが中華である」という自国中心主義が急速に広まったのだ。実際春海は、清国人を蛮人と侮蔑していたという。

残念ながら正之は、寛文十二年（一六七二）に六十三歳で死去してしまうが、老中の稲葉正則に「春海に改暦を命じよ」との遺言を残してくれた。それもあって春海は翌延宝元年、幕府に対して改暦を申請した。

このおり春海は、今後三年間に起こるであろう六回の日月食について、これまでの宣明暦、明で使用されている大統暦《だいとう》、そして春海の推す授時暦で計算したものを提出した。授時暦の正確さを幕閣に理解させ、改暦を実現しようと企図したのだ。授時暦は見事、五回の日月食を見事的中させた。

ところが、最後の日食を外してしまったのである。幕府の大老・酒井忠清はこれを知ると、「春海の言うことは、合うものもあり、合わぬものもある」と感想を漏らした。この一言によって、改暦の儀は立ち消えになってしまった。

春海が偉かったのは、そこで投げ出してしまわなかったことである。なぜ日食が起こらなかったのか、その原因を突き止めるため、さらに天文観測と暦学研究に力を注いでいったのだ。そして、授時暦は元の首都・大都《だいと》（現在の北京）を基点にしているため、日本の京都とは里差（いまでいう経度の差）があることに気がつき、時代差も加えて膨大な再計算をおこない、新しい暦「大和《やまと》暦」を完成させたのである。

大和暦で日食を的中させ改暦が認められるが……

この間、春海は、天体望遠鏡を用いて新しい星をいくつも見つけており、延宝五年（一六七七）には、中国の星座に日本独自の星座を加えた「天文分野之図」を作成している。

こうした功績により、春海は水戸藩主・徳川光圀《みつくに》（水戸黄門）の知遇を得、天和三年（一六八三）、光圀の命で天球図（宇宙の図）をつくり、将軍・徳川綱吉に献上した。そして同年、満を持して、再度、幕府に改暦を申請した。日食予想の失敗から早十年の月日が過ぎていた。

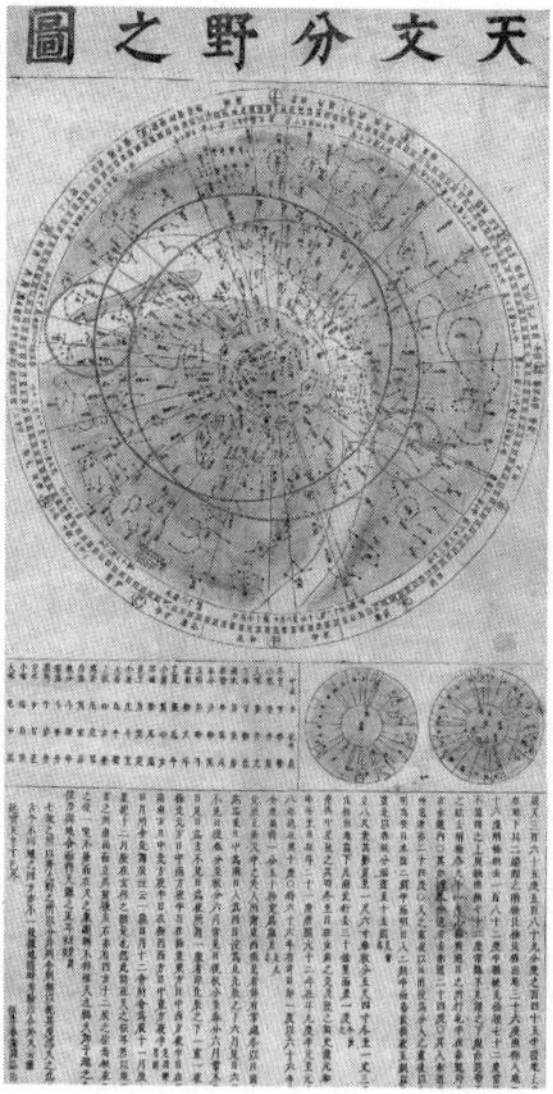

天文分野之図（国立天文台所蔵）

申請にあたって春海は、宣明暦で起こるとされていた月食を大和暦で明確に否定し、その予測を見事に的中させた。そこで幕府は、改暦の願いを正式に認めることにした。とはいえ、先述のとおり、改暦は朝廷の専権事項であった。そこで春海は同年、さっそく京都へと赴《おもむ》いた。すでに改暦の話は、幕府の京都所司代から朝廷に伝わっており、霊元《れいげん》天皇は改暦に同意し、陰陽頭《おんようのかみ》の土御門泰福に改暦の勅《ちょく》をくだした。

本来ならば、改暦作業は、暦博士の家柄である幸徳井《こうとくい》家が担うのだが、当主の友信が家督を継いだばかりだということで泰福に命がくだったのである。ただ、おそらくそれは形式的な理由であり、泰福と春海の政治工作の賜物《たまもの》だったと考えてよい。というのは、泰福は春海の神道の師であり、日頃から親しい間柄だったからだ。

こうして朝廷から改暦を命じられた泰福は、その実務担当者として春海を推薦した。

こうしていよいよ改暦作業に向け、泰福とともに天文観測を開始した春海だったが、その耳に信じられないニュースが飛び込んできた。

なんと朝廷が明（中国）の大統暦をもとに改暦をおこなうと決定したというのだ。

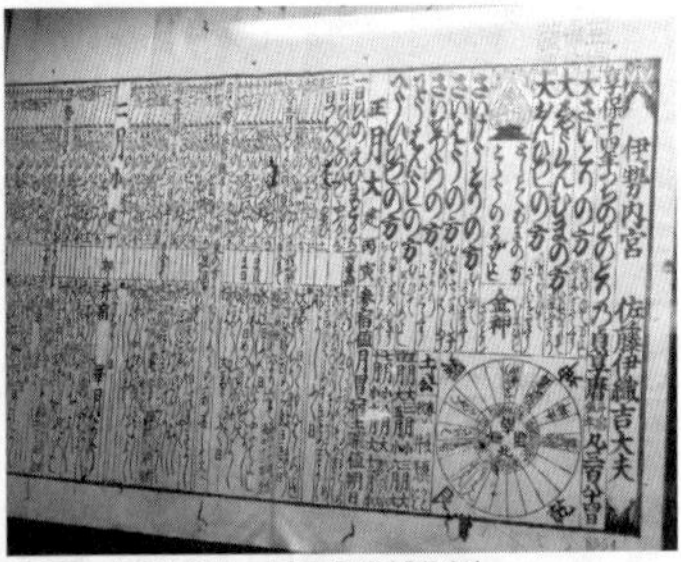
貞享暦（画像提供：国立科学博物館）

これは、山崎闇斎（春海の師の一人）を嫌う儒者の谷一《たにいっ》斎《さい》が「大和暦は日本を襲撃した元の授時暦をもとにしているので、採用すべきではない」と主張したのを、関白の一《いち》条兼輝《じょうかねてる》がすんなり受け入れたためだとされる。

春海は当然、自分の大和暦が新暦の基準に採用されると信じて疑わなかったので、この決定を知り、驚きと怒りのあまり、そのまま江戸へ立ち去ろうとした。

そんな春海を泰福は強く引きとめ、必死の周旋《しゅうせん》のすえ、朝廷の決定を撤回させ、大和暦の採用が正式に決定したのである。貞享元年（一六八四）のことだ。大和暦は元号を付せられ、以後、貞享暦と称されることになった。すでに春海は、四十六歳になっていた。

幕府に天文専門職が設立され、日本独自の暦は発展を遂げる

宿願を果たして江戸に戻った春海は碁方を免じられ、禄高二百五十石をもって幕府の天文方に取り立てられた。

天文方はこのとき新設された職で、天文を観測し、暦術を使って暦を作成したり、改暦をおこなうのが仕事であった。

以後、毎年の暦の原本は天文方の手によってつくられ、それを朝廷の陰陽寮《おんようりょう》（具体的には土御門家や幸徳井家）に送り、暦注《れきちゅう》（日時や方位などの吉凶、運勢などの記述）を入れさせ、最終的に天文方が校閲して印刷するようになった。つまり幕府は、朝廷の専権事項を一部奪ったわけだ。

いずれにせよ、日本人の手によって改暦が実現したのは画期的なことであったといえる。

さて、その後の春海である。

それからも相も変わらず、天文観測に精を出す日々を送った。元禄二年（一六八九年）

には拝領地に天文台をつくっているほどの熱の入れようだった。元禄五年になると武士身分を許され、蓄髪《ちくはつ》が認められた。さらに晩年は、綱吉に天文密奏をおこなうまでになる。

かつて朝廷の陰陽寮では、天文観測の責任者である天文博士が、天体に異常を発見した場合、吉凶を占って密かに天皇に奏上した。これを天文密奏と呼ぶが、春海も直接将軍に天文密奏できる立場になったのだ。綱吉は春海から天文密奏を受けると、信頼する隆光《りゅうこう》大僧正を招いて祈禱《きとう》させ、凶変を未然に防いだ。

これまで見てきたように、春海は保科正之、徳川光圀、土御門泰福、隆光など、幕府の要人やその筋の有力者と親密な関係を構築してきた。ある意味、老練な策士だったといえるかもしれない。しかしそんな春海だからこそ、幕府や朝廷の許可を得て、日本初の改暦という偉業を達成できたのである。

ただ、最晩年の春海は不幸だった。自分の後を継ぎ、立派に活躍していた息子の昔尹《ひさただ》が正徳五年（一七一五）、わずか三十三歳の若さで病死してしまったのだ。老齢の春海はこれで一気に力を落とし、それから半年後、七十七歳の生涯を閉じた。

なお、貞享暦以後、幕府は宝暦暦《ほうりゃくれき》、寛政暦、天保暦と三度改暦をおこなった。いずれも中国やヨーロッパの暦に引けを取らぬ精度の高いものであった。そういった意味では、渋川春海が日本暦学の発達に与えた影響は絶大だったといえよう。

余談だが、春海は冲方丁《うぶかたとう》の時代小説『天地明察』の主人公となり、二〇一二年には岡田准一主演で映画化されて大ヒットし、同年、なんと春海は囲碁の殿堂入りを果たしている。

現在のそれと遜色のない天体望遠鏡をつくり上げた国友一貫斎

平和な江戸時代でも鉄砲づくりは続いた

日本に鉄砲が伝来した場所は、よく知られているように種子島、伝えたのは島に漂着したポルトガル人。ただし、はるかポルトガル領から出航したポルトガル船が種子島に流れ着いたわけではない。彼らは倭寇《わこう》の船（中国船）に同乗していたのだ。すでにポルトガル人は、中国や東南アジアで広く商活動を展開していた。

ちなみに鉄砲の伝来は、天文十二年（一五四三）と学校で習ったと思うが、ヨーロッパの記録では一五四二年のほうが多い。なおかつ近年の研究では、同時期に複数のルートで日本に鉄砲が伝来したのではないかといわれるようになっている。

ともあれ、ちょうど日本は戦国のまっただなかだったこともあり、鉄砲という新兵器は国産化されて瞬く間に広まっていった。とくに和泉国《いずみのくに》の堺《さかい》、紀伊国《きいのくに》の根来《ねごろ》、近江国《おうみのくに》の国《くに》友《とも》などでは鍛冶たちが鉄砲の量産に成功する。そのうち国友村（現在の滋賀県長浜市国友町）には、最盛期には七十軒の鉄砲鍛冶屋が軒《のき》をつらね、五百人の職人が分業体制で銃砲を製造していたと伝えられる。

意外なことだが、平和な江戸時代になっても、鉄砲の生産は続いた。国友村の鉄砲鍛冶も、幕府や大名家の依頼を受け、その後も鉄砲の製作や修理をなりわいとしていた。

夢鷹図（部分）国友一貫斎像（画像提供：長浜城歴史博物館）

なお、国友村の鍛冶職は、年寄、年寄脇、平鍛冶というように、厳然とした縦社会で構成されていた。ところが、年寄脇の家柄であるにもかかわらず、彦根藩御用掛《がかり》という待遇を受け、年寄を介さずに同藩の依頼で二百目玉の大筒をつくった人物が現れた。それが国友一《いっ》貫斎《かんさい》（九代目・国友藤兵衛）である。

年寄たちはこの行為を強くとがめたが、一貫斎はそれを黙殺した。このため国友村の年寄は文化十年（一八一三）、その所業を幕府に訴え出たのである。

一貫斎、江戸でエアライフルに出合う

この訴訟はなかなか決着せず、文化十三年（一八一六）になって一貫斎は事情聴取のために幕府から江戸へ呼び出された。三十九歳のときのことである。

ただ、じつはこのときの江戸行きが、一貫斎のその後の人生を大きく変えることになった。裁判は年寄側の敗訴で落着したが、足かけ六年に及ぶ江戸での滞在により、一貫斎は多くの知識人や大名と知り合い、そのおかげで才能を大きく開花させることになった。人間の運命というのは、本当にわからない。

文政元年（一八一八）、一貫斎は山田大円《だいえん》の屋敷でオランダ製の空気銃（エアライフル）を初めて手にする。大円は蘭学に精通した眼科医で、一貫斎が国友村にいる頃から交友のある人物だった。この空気銃は、幕府がオランダから献上された品で、大円が若年寄の京極高備《きょうごくたかまさ》（丹後峰山藩主）から借り受けたものだった。銃は壊れてしまっており、修復できる者が見つからなかったので、大円は一貫斎の腕を見込んで修理をゆだねたのだ。

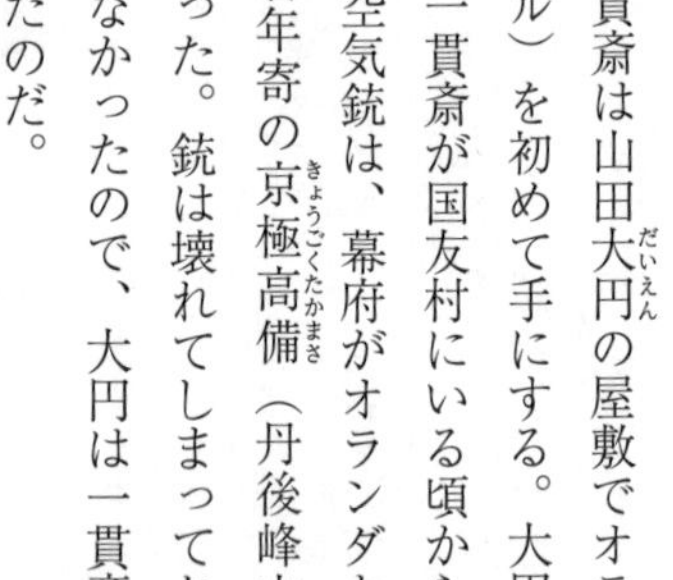

『気砲記』（画像提供：長浜城歴史博物館）

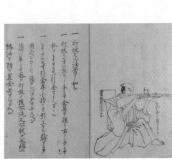

驚くべきことに一貫斎は、たった一カ月でその銃を元通りにしてしまったのである。これに舌を巻いた京極高備は、一貫斎に二挺の模造品を依頼した。するとこれまた驚くべきことに、その年のうちに注文品をつくり上げたのだ。それだけではない。翌年には改良した空気銃を高備に献上した。さらに同年、老中の酒井忠進《ただゆき》（若狭小浜藩主）や松平乗保《のりやす》（美濃《みの》岩村藩主）らの面前で、自作の空気銃を試射してみせた。

当時、空気銃は「風砲《ふうほう》」と呼ばれていたが、一貫斎は自作のそれを「気砲《きほう》」と称し、簡単な構造と使用方法を記した『気砲記』を刊行した。こうしたことが噂となり、大名家から空気銃の注文が殺到。これを機に一貫斎は、複数の大名家に出入りするようになり、彼らが所蔵している貴重な西洋の諸道具を目にすることができるようになった。

二十連発空気銃や連射ボウガンなど次々発明

こうして、国友一貫斎の発明熱に火がついたのである。

一貫斎は、空気銃についてさらなる改良を重ねていった。蓄気筒（エアタンク）の圧縮率を格段に高め、弾も先込め式から弾倉を用いる元込め式に変更した。

オランダ製の空気銃では三発目はほとんど威力はなかったが、一貫斎が改良した「早打ち気砲」はなんと二十連発が可能となった。そのうえエアタンクの実験により、日本人として初めて、空気に重さがあることを発見したのである。

その腕を見込んだのだろう、寛政の改革で有名な老中・松平定信は、一貫斎に諸葛弩《しょかつど》（古代中国の連射できるボウガン）の作製を依頼する。快諾した一貫斎は、木製を鋼鉄製にかえて飛躍的に性能を向上させたうえ、十本の矢が連射できる工夫を施したのである。この製品は、加賀の前田家にも納入されている。

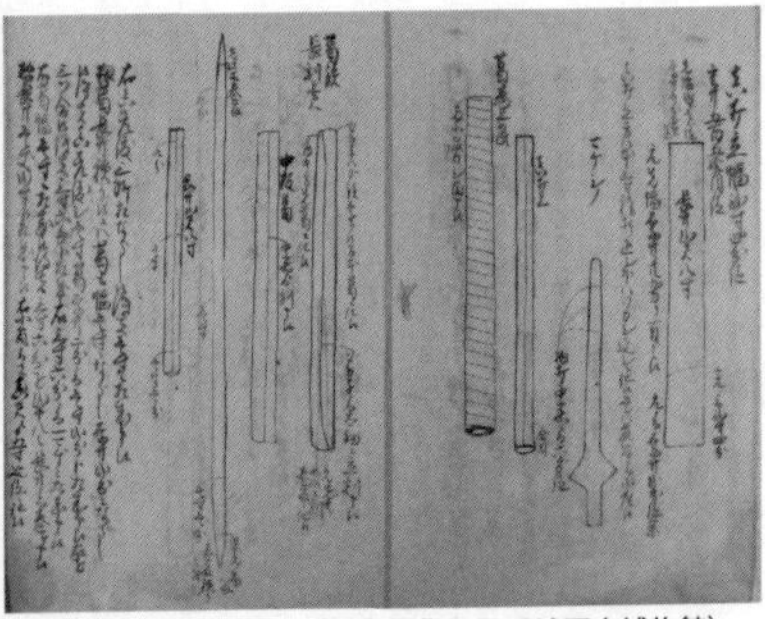
『大小御鉄砲張立製作』（画像提供：長浜城歴史博物館）

同じく定信の求めに応じ、一貫斎は秘伝とされてきた鉄砲製作の技術を『大小御鉄砲張立製作《だいしょうおてっぽうはりたてせいさく》』という一書にして刊行した。列強諸国の黒船が日本近海に出没する事件が相次ぐなか、国防のために銃砲製造マニュアルを公開したわけだ。これにより、鍛冶職人なら誰でも銃砲をつくれるようになった。現代でいうなら、特許の無料開放といえよう。

一貫斎が発明したものは、武器だけではない。結構商売っ気があったようで、人々を喜ばせるユニークな品々を次々と開発し、販売しようとした。

たとえば、鏡に反射した光に絵や文字が浮き出る「魔鏡」、現在の筆ペンの原理を用いた「懐中筆」、現在の石油ランプに近いガラスの火屋《ほや》を用いた「玉燈《ぎょくとう》」、さらに「ねずみ短檠《たんけい》」である。

この「ねずみ短檠」は部屋に用いる灯火具だ。火皿の油が減ると、空気圧の原理を利用して支柱を通って油が上昇し、火皿の上にいるねずみの口からポタポタとしたたり、自動的に補油される仕組みになっている。

なぜか宇宙に詳しかった「天狗小僧」

同時に一貫斎は、日本科学史にとって、特筆すべき業績を挙げた。それは、ヨーロッパよりも優れたグレゴリー式天体望遠鏡を完成させたことである。

初めて一貫斎がオランダ製の天体反射望遠鏡を見たのは、尾張藩の付け家老・成瀬正寿《なるせまさなが》の屋敷だった。文政三年（一八二〇）、四十三歳のときのことだとされる。

この頃、一貫斎は天体に興味を抱くようになっていたと思われる。研究者の太田浩司氏は、それは国学者の平田篤胤《あつたね》の影響ではないかと指摘する（「平田篤胤と国友一貫斎」市立長浜城歴史博物館編『江戸時代の科学技術―国友一貫斎から広がる世界―』サンライズ出版、二〇〇三年所収)。

篤胤の門弟は四千人に及んだが、一貫斎も篤胤に師事し、その屋敷に出入りしていた。ちょうど一貫斎が望遠鏡を目にする前後、師の篤胤は自宅に十五歳の寅吉という少年を住まわせるようになった。この寅吉、七歳のときに天狗の「杉山々人」と出会い、以後たびたび異界(幽界)で修行を積んで多くの知識を得たと公言していた。もちろん事実ではなかろうが、本人がそう信じているのか、とにかく受け答えが的確なので、周囲の人々は彼の話を鵜呑《うの》みにし、寅吉を「天狗小僧」や「仙童」と呼んだ。これに強い興味を抱いたのが、平田篤胤であった。そして、強引に寅吉を自宅に連れてきたのだ。

一貫斎もこの頃、実際に寅吉に会って、いくつもの質問を彼にぶつけている。「雷を恐れない方法」「流行する疫病を払う方法」「不治の病を治す方法」「子どもができない女性が懐妊できる方法」「悪鬼や猛獣など害をなすものを遠ざける方法」「長距離歩く方法」「天狗は異国の襲来から日本を守ってくれるか」などなど。

寅吉の返答は、どれも荒唐無稽な内容だったが、こと天文の話については意外に的を射ていたと思われる。

一貫斎とは別の者が寅吉に対して「空より日本を見たらどう見えるか」という質問に対し、どんどんと上がっていくと山や川は見えなくなり、「うす青く網目を引き延《は》へたる様に見ゆるを、なほ上るまゝに段々小さくなりて、星のある辺まで昇りて国土を見れば、光りて月よりは余程大きく見ゆる物なり」（平田篤胤著、子安宣邦校注『仙境異聞・勝五郎再生記聞』岩波文庫、二〇〇〇年）と答えている。

また、月の世界や星の様子なども詳しく論じた。

おそらく、こうしたことから一貫斎は宇宙に興味をもったのかもしれない。とはいえ、一貫斎が天体望遠鏡の製作に取りかかるのは、それから十二年後のことだった。

ヨーロッパより優れたグレゴリー式天体望遠鏡を完成

反射望遠鏡には、二枚の鏡を使用するが、鏡の鋳込《いこ》みやガラスレンズの研磨は、当時の日本の技術では困難だった。

だが、一貫斎は魔鏡の研磨に成功したことで、のちに望遠鏡に取り組もうと決意したようで、苦労のすえ天保四年（一八三三）に日本で初めて天体反射望遠鏡を完成させた。五十六歳のときであった。

一貫斎は望遠鏡の精度を上げるため、その後も月や太陽、土星などの天体観測をおこなった。月面クレーターなどを細かく描き上げ、天保六年からは、百五十八日間続けて太陽の黒点を観測している。「我が国での黒点観測ではこのような長期間にわたる記録は他に例がない」（中村士著「日本の天文学と一貫斎」前掲『江戸時代の科学技術』所収）という。また、土星を観測したさい、タイタンなど衛星をスケッチしているが、「江戸時代にタイタンを見たという記録は、一貫斎のもの以外日本では知られていない」そうだ。

こうして彼が製作した天体望遠鏡の性能は、オランダ製のそれをはるかに凌《しの》ぐようになった。

国友一貫斎、反射望遠鏡（長浜城歴史博物館蔵）

一貫斎の望遠鏡は四台ほど現存するが、それに用いられている青銅（銅と錫《すず》の合金）製の主鏡は、百八十年経ったいまも見事な輝きを放っており、ほとんど錆びていない。まさに驚嘆すべき技術力であり、劣化しない銅と錫の配分をどうやって知ったかはいまだに謎

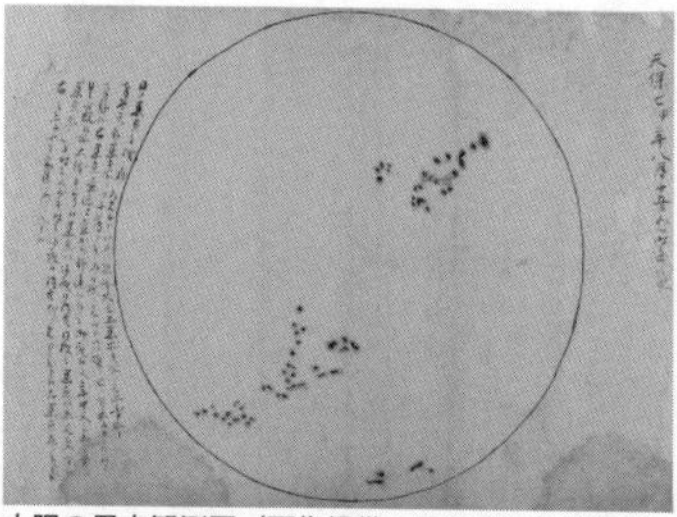

太陽の黒点観測図（画像提供：長浜城歴史博物館）

とされている。また、国友鉄砲ミュージアムのホームページには、次のような報告が掲載されている。

「国友一貫斎再評価委員会（委員長：堀川隆幸　長浜キヤノン株式会社社長、事務局 長浜市 市民協働部 歴史遺産課）では、令和元年10月30日、東京都三鷹市の国立天文台において、国友一貫斎製作の反射望遠鏡主鏡と、現在市販・使用されている反射望遠鏡主鏡の比較調査を行ないました。その結果、国友一貫斎製作の望遠鏡主鏡は、面精度において現在市販の望遠鏡主鏡と、ほぼ同一の面精度を保っていることが判明しました」

なんと、一貫斎の主鏡の「ゆがみ」度は、現在のそれと比較しても遜色《そんしょく》がなかったのだ。

これほど高度な技術をなぜ獲得できたかは不明ながら、「宇宙を知りたい、天体の真実を知りたい」という好奇心が、一貫斎の技術力を高めたのは間違いないだろう。

それを示す証拠が、二〇二〇年三月に一貫斎の生家から見つかった。一貫斎が「阿鼻《あび》機流《きりゅう》」と名づけた飛行機図面の小冊子である。それを見ると、箱のなかに木馬のようなものがあり、そこに腰かけてペタルをこぐと、大きな羽と尾が動いて空を飛ぶ仕組みになっている。これは江戸時代に描かれた唯一の飛行機の図面である。残念ながら実用に足るものではないが、いつか自分のつくった「阿鼻機流」に乗って、月や太陽、土星へ行ってみたいと夢見ていたのだろう。もし彼に時間があれば、実現に向けて動き出したかもしれない。けれど、天体望遠鏡を完成させてからわずか七年後、一貫斎は六十三歳の生涯を閉じてしまったのである。

通潤橋をかけた布田保之助の執念と八代の石工の技術

江戸時代につくられた日本最大の水道橋

熊本県上益城《かみましき》郡山都《やまと》町には、江戸時代の石橋がある。名を通潤橋《つうじゅんきょう》という。

ただの橋ではない。橋のなかには当時の水道管（石樋《せきひ》）がいくつも走り、橋桁《げた》は地上から二十メートルの高さにあり、現在でいえば、およそ七階建てのビルに相当する。しかも下から橋を見上げると、整然と隙間なく組まれた石垣が見事なアーチを描いている。橋を支える両端の石積みは、まるで近世城郭を思わせる見事な反りである。それもそのはず、この通潤橋の石垣は熊本城のそれをモデルにしてい

通潤橋（写真提供：山都町）

るのだ。

じつはこの構造物、江戸時代につくられた我が国最大の水道橋なのである。だから現在、国の重要文化財に指定されている。

この橋をつくり上げたのは、布田保之助《ふたやすのすけ》である。といっても、もちろん教科書には登場しない。いわば無名の人物だ。そんな保之助がなにゆえ、このような水道橋をつくったのか。そのあたりの切実な事情から話を進めていこう。

水はあっても、はるか数十メートル下

通潤橋は白糸台地の西端にかかるが、昔からこの台地では、米というものがほとんど採れなかった。水が圧倒的に不足していたからである。

白糸台地（畑、田吉、小原、長野、犬飼、新藤、小ヶ蔵、白石の八村）は三方を川に囲まれているが、台地を取り巻く川は、いずれもはるか数十メートル崖下を流れている。当時の技術では、とてもこの谷底から川水をくみ上げて灌漑《かんがい》用水に用いるのは不可能だった。

そこで台地上で耕作をおこなう農民たちは、わき水や雨水をコツコツと溜め、その水を利用して作物を育ててきた。ごく一部では田んぼをつくって米を栽培できたが、大部分は

畑地。しかも粟《あわ》や稗《ひえ》しか栽培できない痩せた土地で、風害も多く、しばらく雨が降らなければ、毎日の飲み水にも事欠く有り様だった。このため村の住人の多くは、農業だけでは生計が成り立たず、他所へ出稼ぎをしなくてはならなかった。

こうした窮状を見かね、白糸台地に水を引き、肥沃《ひよく》な水田地帯に変えようと考えたのが、矢部手永《てなが》（郷）の総庄屋を務めていた布田保之助であった。

貧しい住民を救うため自刃した父の存在

手永というのは、肥後熊本藩（細川氏）独自の行政区分で、数カ村から数十カ村を単位とする郡の下部地域である。つまり、一つの郡内にいくつかの手永があるという構造になっている。矢部手永は、藩内に四十八存在する手永の一つで、矢部手永管内には七十六の村が存在した。総庄屋は、そんな手永をたばねる下級役人だった。

布田氏は、寛政元年（一七八九）以来、数代にわたって矢部手永の総庄屋を務める家柄で、保之助の父・市兵衛惟行《これゆき》も総庄屋であった。市兵衛も矢部手永のために貯水池や用水路、新道を開削したり、植林に力を尽くした。そんな父の姿を見て育ったからこそ、総庄屋になった保之助もこの計画を思いついたのであろう。

ただ、保之助が十歳のとき、市兵衛はにわかに自害してしまう。

上益城郡内での総庄屋の会合で、市兵衛は郡代の綾部四郎助に対して矢部手永の住人に対し、築堤工事の免除を願い出たのである。貧しい住人たちは頻繁に藩から人夫として労働に駆り立てられていたからだ。郡代はこの願いを認めたが、矢部手永から人を出さないことになると、他の手永の負担が増える。当然、他の総庄屋たちから大きな不満の声が上がった。だが、市兵衛は前言をひるがえさず、代わりに自刃することで責を負ったのである。

市兵衛の死後、保之助の叔父にあたる太郎右衛門が総庄屋の職を継いだ。

保之助は幼い頃から明晰な頭脳の持主だったので、藩校「時習館《じしゅうかん》」で学ぶことを認められた。二十二歳のとき（文政五年・一八二二）に総庄屋代役（見習い）となり、三十三歳の天保四年（一八三三）、矢部手永の総庄屋に就いた。

以後、父に倣って道の整備や架橋、溜め池づくりなどを積極的に進めていった。こうした土木工事の経験を重ねるなかで、やがて保之助は白糸台地への通水の可能性に思いをめぐらせるようになったのである。

石橋づくりを得意とした石工の存在

保之助は数年間の調査や研究のすえ、台地から六キロ先を流れる笹原川から水路を延ばし、五老ヶ滝川が流れる深い渓谷に七十メートルに及ぶ石橋をかけ、その橋に水道を通して白糸台地に水を引こうと考えた。そして嘉永五年（一八五二）二月、保之助は郡代の上妻半右衛門を通じて熊本藩に対し、白糸台地での架橋の許可を求めたのである。

そこで藩庁では、事業の成功の見通しや資金返済の目途などを郡横目の野田半右衛門に調査させた。野田は、現地を視察したうえで多くの疑問点を書き上げた。藩はこれをもとに保之助に詳しく下問した。すると保之助は、橋の耐久性・耐震性に関する回答、四十二町の新田開発計画、新田開発の収入を資金返済に充てることなど、詳細な答弁書を提出した。

これを読み、最終的に熊本藩はこの大工事の許可を出すことにしたのである。なお、保之助の上司にあたる上妻も、この計画の実現に多大な貢献をしたという。

ちなみに保之助がこの計画を決意したのは、隣接する砥用《ともち》手永に笹原川から切り開いた水路がすでに存在していたことが大きい。砥用手永では、新田開発のために水路を開削していったのだが、事情があって計画を中断し、水路は未完に終わっていた。保之助は、この水路を白糸台地の対岸まで延伸するのは、それほど難事業ではないと判断したのだ。

ただ問題なのは、対岸の白糸台地へ水道橋をかけることだった。台地と五老ヶ滝川の渓谷との高低差は三十メートルもある。橋をかけるためには、その高さまで石を積み上げなくてはならない。

ところが幸いにも、肥後国の種山周辺（現在の熊本県八代市内）には、石橋づくりを得意とする石工集団がいた。数年前に彼らが完成させた霊台橋《れいだい》（熊本県下益城郡美里町）は、高さ二十メートルを有する見事な石橋であった。

実際に霊台橋を視察した保之助は、これだけの高さがあれば、呑口《のみぐち》（取水口）と吐口《はきぐち》（出水口）の高低差を利用したサイフォンの原理によって通水は可能だと判断した。そして、渋る種山石工の卯助、宇市、丈八兄弟を必死に説得して、ついに架橋を受諾させたのである。

強度を保つ特殊漆喰の開発とまじめな人夫たち

これより前、保之助は木樋（木製の管）を使った通水実験をおこなっていた。当時の水道管は、木樋が常識であった。だが、水の圧力に耐え切れず、あっけなく木樋は破砕してしまった。そこで、頑丈な石樋を石橋のなかに通すことにしたのである。また、呑口《のみぐち》（取水口）と吐口《はきぐち》（出水口）の高低差を六十センチ程度にし、できるかぎり水の圧力を弱める工夫をした。ただ、石樋だと、水が流れるさいに隙間から漏れ出してしまう。

この問題を解決するため、保之助は特殊な漆喰《しっくい》を開発することにした。かなり時間はかかったが、普通の水の代わりに松の若葉の煮汁を用い、丁寧にこねることで粘着力が格段に強化できることが判明した。

こうして石の継ぎ目に漆喰を詰め込む作業を開始させたものの、単純作業なので、一日中繰り返していると、どうしても仕事が雑になってくる。そこで保之助は各村に対して、単純作業を黙々と続けられる者たちを選ばせ、その者たちに従事させたという。まさに適所適材であろう。

表面の石垣については、熊本城の鞘石垣《さやいしがき》を参考に美しい勾配を組ませたが、その裏に用いる石も、ずれやすい丸石は用いず、表石と同じ切石を隙間なく積ませた。このように、目に見えぬ部分も丁寧な仕事をさせたのだった。

当初、保之助は怠慢な人夫が出てくることを想定し、五寸角の柱を工事現場に立て荒縄をつけた。怠ける者がいたら見せしめにこの柱に縛りつけるつもりだった。しかし、誰一人、そうした者は現れなかった。

ただ、水道管の傾斜配分など、かなり精密を要する作業もあり、工事期間は予定より長引いていった。そこで保之助は陣頭指揮をとり、時には自らも土木作業に精を出した。

そんなときに「石原をくずしてかけた眼鏡橋　水は上がらず布田は干上がる」という狂歌が耳に入ってきた。

これに怒った保之助は、詠《よ》んだ本人を探し出し、目の前に呼びつけて難詰した。すると、その男は「それは誤解です。私が詠んだのは」と言いながら、「石原をくずしてかけた眼鏡橋　水も上がれば布田も栄える」と修正したので、機嫌が直ったと伝えられる。こんな狂歌に腹を立てるほど、当時の保之助が感情的になっていたことがわかるだろう。

かくして工事開始から一年八カ月後の嘉永七年（一八五四）八月、ようやく竣工《しゅんこう》し、高さ十一間（約二十メートル）、幅三間半（約六・三メートル）、全長四十間超（約七十六メートル）の眼鏡橋が完成した。工事では、一人も事故などで命を落とすことはなかった。

水道橋は完成するが、残った多額の借金

いよいよ通水式の日を迎えた。この日、保之助は正装して現地に出向いたといわれる。懐には密かに短刀を忍ばせていたとも。万が一、水が石橋を通って白糸台地に流れ込んでこなければ、責任をとって自刃しようと決意していたようだ。

藩の役人や村人たちが多数見守るなか、いよいよ足場が取り払われた。石橋にはまったく異変はなかった。やがて水門が開かれると、どっと水が呑口から石橋の石樋に流れ込んでいった。それからまもなく吐口から水が吹き上がった。そしてその水はそのまま台地を潤していったのである。これを目にした保之助は、喜びのあまり天を拝し、そのまま走って吐口へ行き、あふれ出る水をその手にくんで飲み干し、涙を流したと伝えられる。

こうして前代未聞の水道橋が誕生したが、ここで保之助の仕事が終わったわけではなかった。水道事業のために藩から借りた借金を完済しなくてはならないのだ。かかった費用は総額で七四一貫（七一一貫説も）。今の金額にあてはめるのは難しいが、当時と現在の米の値段に換算すると五億円程度、労働力に換算すると、なんと二十五億円ほどにのぼった。ずいぶんと金額に開きがあるが、この莫大な借金は、白糸台地の住民が負担する約束で工事が承認されたのだ。返済には、通水で栽培可能になる稲の収穫があてられた。

そのためには急ぎ、白糸台地に新田を開かなくてはならない。保之助は、四十二町の田んぼを新設し、その収穫で返済する計画書を藩に提出していた。こうして通潤橋の完成以後、保之助の号令のもと、一丸となって土地の開拓が始まった。

さて、結果はどうなったのか。

布田保之助の銅像（写真提供：山都町）

それから十三年後、慶応三年（一八六七年）の記録が存在する。それを見ると、予定をはるかに上回る七十二町が土地が新田に変わっている。保之助のおかげで白糸台地は肥沃な田野に変わり、住人たちの生活は豊かになったのである。

同年、住人たちは熊本藩に対し、保之助を顕《けん》彰《しょう》してほしいと請願した。藩もその願いを受け入れ、保之助に小袖や羽織、白銀を贈呈してその功績を讃《たた》えた。このときすでに保之助は総庄屋職を息子に譲り、白糸台地にささやかな家を建て隠居していた。その功績は明治政府にも評価され、明治六年（一八七三）に銀杯を授与された。

同年、保之助は七十三歳の生涯を閉じた。それから百五十年が経ったが、通潤橋は現在も白糸台地を潤し続けているのである。

八丈島を発展に導いた流人・近藤富蔵

目黒に富士塚を築いた探検家・近藤重蔵

『江戸名所百景』は、江戸の名所を描いたあの『東海道五十三次』で有名な歌川広重《うたがわひろしげ》の連作だ。広重最晩年の作であり、「上野清水堂不忍ノ池」などは現存するが、その大半の風景はもう失われてしまった。「目黒新富士」もその一つである。

江戸時代、富士山信仰が過熱し、江戸府内でもミニチュアの富士がつくられるようになる。これを富士塚と呼んだ。目黒新富士は、文政二年（一八一九）に三田村鎗ケ崎《やりがさき》（現在の東京都目黒区中目黒二丁目）の地に誕生した巨大な富士塚である。

農民の半之助から土地を購入した近藤重蔵《こんどうじゅうぞう》が、三田用水を引き入れて滝をもつ庭園をつくり、そこに富士塚を築いたのだ。本物の富士山も同時に遠望できたので、人々が参詣に群がった。そこで隣家の半之助はなんと茶屋を開き、ここから見物客を庭園に引き入れたので、店は大繁盛したという。

周知のように近藤重蔵は、日本史の教科書に必ず登場する歴史人物である。

幕臣の家に生まれた重蔵は幼い頃から頭が良く、聖堂学問所の試験でトップクラスの成績をとり、時の老中・松平定信から褒賞されるほどだった。

官僚として活躍していた重蔵だったが、外国船が蝦夷地《えぞち》近海をうろつくようになると、幕府の命令でたびたび蝦夷地を探索し、さらに択捉島《えとろふとう》まで渡ってそこが日本の領地であることを示す「大日本恵登呂府《だいにほんえとろふ》」の標柱を建てた。こうした功績により、重蔵は御家人から旗本（将軍にお目見えできる）に抜擢され、その後は御書物奉行に栄達、富士塚をつくった年にも大坂御弓奉行として大坂へ赴任している。

だが、職務怠慢のため二年で罷免《ひめん》されて江戸に戻ると、先の半之助と土地の境目争いで訴訟沙汰となり、重蔵が勝訴したものの、半之助は親族を集めて脅しや嫌がらせを始めた。ちょうどそんなとき、重蔵の息子・富蔵《とみぞう》が江戸に戻ってきたのだ。

『名所江戸百景』の目黒新富士

隣家とのいさかいで七人をも殺害した息子・富蔵

じつは重蔵は、息子の富蔵を勘当していた。子供の頃から素行が悪く、十六歳のときに自宅から三十両の大金を盗んで出奔《しゅっぽん》、京都の遊女屋で大いに遊んでから四国へ逃亡しようと大坂に潜んでいるところを役人に発見された。とんでもない悪ガキだ。

激怒した重蔵は、「本来なら切腹ものだが、お前は生まれつき暗愚ゆえ、命までは奪わぬ。今後三年間、武術修業に励むこと。その間は質素な生活をおくり、稽古に出向くほか外出は一切禁止。友人とも面会や文通はするな。もし成果が上がれば、許して遣わす」と富蔵に厳命した。

ところが二年後、富蔵は再び出奔したのである。愛想を尽かした重蔵は即座に勘当したのだ。ただ、今回は富蔵が堕落したわけではなく、仏門へ入ろうと決心しての家出であり、その後は越後高田の最勝院性宗寺《しょうしゅうじ》で修行生活を始めていた。

四年後、富蔵のもとに父からの赦免《しゃめん》連絡が入った。

喜んで江戸に戻ると、鎗ヶ崎の別宅を与えられた。おそらく重蔵は、若くて剣の腕も立つ富蔵を呼び寄せ、半之助たちの嫌がらせに対抗しようとしたのだろう。

案の定、血気さかんな富蔵は半之助一家と揉め、ついに茶屋から富士塚へ通り抜けられぬよう、垣根をつくってしまった。

だが、さすがにやりすぎたと反省したのか、やがて富蔵は、半之助とその息子・林太郎、忠兵衛を呼び、今後は「暴行雑言せざることを誓ひ、証書を出さば、垣籬を除くべし」(村尾元長編『増訂 近藤守重事蹟考』『近藤正齋全集 第一巻』国書刊行会、一九〇五年所収)と和解をもちかけた。

すると、彼らも同意したので、竹垣を撤去した。ところが、である。半之助らは前言をひるがえし、「誓約書は出さない」と言い出したのだ。

これに富蔵は激怒し、文政九年(一八二六)五月十八日夜、隣家に忍び込んで一刀のもとに半之助を斬り殺し、さらに林太郎にも斬りつけた。仰天した林太郎と忠兵衛は、家から飛び出した。しかし富蔵は、家来の高井庄五郎に忠兵衛を殺害させ、自分は林太郎のあとを追ってその屋敷に入り、当人だけでなく、林太郎の妻や半之助の妻も殺害した。なんと合わせて七人もの人々を殺傷したのである。

無礼な農民を誅殺《ちゅうさつ》するのは、切捨御免といって武士の正当な権利である。だが、捜査にあたった大目付と町奉行は、富蔵を有罪とした。というのは、「半之助が棒を持って襲ってきたので手討ちにした」と証言した富蔵だが、じつは家来に命じて死体の側に棒を置いたことが判明したのだ。このアリバイ工作に加え、罪のない女性にまで手をかけたことが不興を買い、富蔵は八丈島へ流罪、父の重蔵も近江大溝《おおみぞ》藩主・分部《わけべ》左京亮《さきょうのすけ》にお預け処分となった。

自分の口は自分で養う、厳しい流人生活

翌年、富蔵は八丈島へ渡った。このときまだ二十三歳だった。

八丈島は、江戸から約三百キロ離れた孤島である。関ヶ原合戦で敗れた宇喜多秀家が流されて以来、明治初年まで約千八百人の罪人がこの島に送り込まれた。

ちなみに流人は、牢獄に入る必要はなかった。島内五村のいずれかに属して村名主の支配を受けるものの、「島の渡世は勝手次第」として、その身柄が拘束されることはなかった。ただし、生計を立てるために、仕事は自分で探すしかなかった。

とはいえ、八丈島は地味《ちみ》が稲作には適さないため、常に主食には不自由しており、しかも土壌が水を溜めない性質のため、古来よりたびたび水不足に悩まされてきた。八丈の島民は心優しく、自分の食べ物を減らしてでも流人に施しを与えたが、さすがに飢饉《ききん》が起こると、そうも言っていられず、結果、多くの流人が餓死した。

こうした食糧事情をかかえていたので、流人は安穏としてはいられない。生きるために、もてる技術や知識をフルに活用して生活の糧《かて》を稼がねばならなかった。

ただ、島内にいた二百人の流人は、ほとんどが元農民や元僧侶で、さしたる特技もなかった。そこで、島民の農業や漁業の手伝いをして細々と生計を立てていた。

一方、富蔵は武士だけに教養が深く、それが島で生きていくうえで大いに役立った。寺子屋の師匠、島民の系図作成、仏像や絵画・位牌入れの製作、畳づくりなど、さまざまな仕事によって、安定した収入を確保できたのである。ただ、天保の飢饉により島内で八百人の餓死者が出たさいは、さすがの富蔵も飢えに苦しんだ。

ところで富蔵は、島に着いた翌年、農民・栄右衛門の娘である逸《いつ》を妻にしている。この島は女護島とも呼ばれ、なぜか女性のほうが人口が多く、流人は島の娘を「水汲女」と称して現地妻とする習慣があった。逸は、関ヶ原合戦の敗将・宇喜多秀家の血筋を継いでおり、それが富蔵の自慢でもあった。二人の間には一男二女が生まれた。

八丈島研究の礎となった膨大な記録『八丈実記』

さて、八丈島を訪れた方はわかると思うが、島内の石垣が非常に特徴的である。漬け物石のような卵型の石がびっしりと並んでいるのだ。これを玉石垣と呼ぶ。とくに大里地区には古い玉石垣が多く、見事な景観をなす。この石積みを考案したのも、一説には富蔵だったと伝えられている。

このように富蔵が島に残した遺物や技術はまことに多い。なかでも、もっとも後世に役立ったのが『八丈実記《はちじょうじっき》』である。

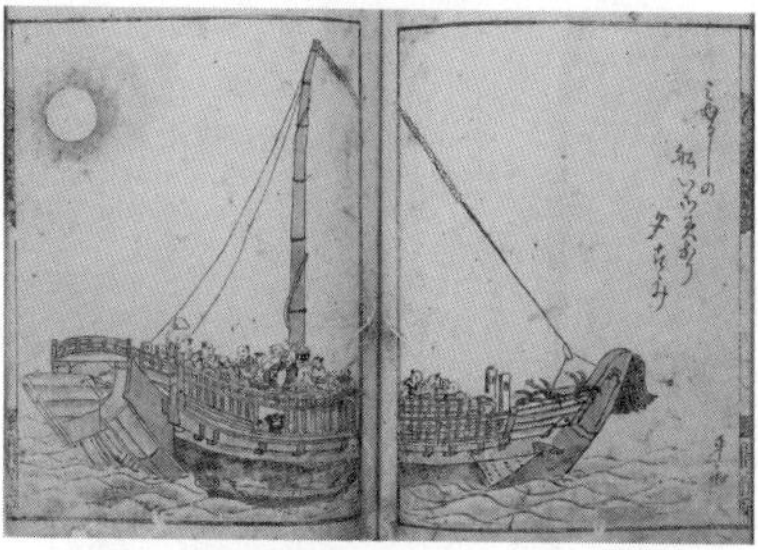

『八丈実記』（東京都公文書館所蔵）

六十九巻という八丈島に関する膨大な記録で、島の風俗、言葉、生息する動植物、歴史、気候、地形など、あらゆるものが網羅されている。現在は、この『八丈実記』なくして八丈島研究は成り立たないといわれているほどだ。それだけではない。伊豆七島や小笠原諸島にまで言及されている。だから日本民族学の祖である柳田國男も高く評価した。

じつは、富蔵の父・重蔵も、膨大な著作を残している。その遺伝子を受け継いだのか、四十歳を過ぎた頃からおりに触れてさまざまな事柄を書きとめるようになった。それは、十二歳になった長男の守一を失ったのがきっかけだといわれる。

　こうして安政二年（一八五五）に『八丈実記拠』二十八巻が完成するが、その素晴らしさを知った島役所は、富蔵に公文書なども積極的に披見《ひけん》させ、さらにその内容を充実させるよう命じた。こうして文久元年（一八六一）に『八丈実記』六十九巻が成立するが、その後も増補改訂作業が続けられ、明治二年（一八六九）に完成をみた。

　ちなみにこの『八丈実記』は、八丈島に来た静岡県の役人が感激し、明治九年に静岡県に貸し出されて、さらに明治十一年には全巻が東京へ送られ、そのうち二十九巻を東京府が買い上げている。このとき富蔵は、自分の仕事を評価してもらえたことに大いに喜んだと伝えられる。ただ、残念なことに八丈実記のうち、買い取られなかった四十巻は、八丈島に返されたものの、その後は行方不明になってしまっている。

七十六歳で赦免されるも、父の墓参り後、八丈島で骨を埋める

　明治維新後、多くの流人が恩赦されるなかで、なぜか富蔵はその選に漏れてしまう。だが、明治十三年（一八八〇）、ようやく富蔵も赦免となった。

　二十三歳で八丈島に来た富蔵は、すでに七十六歳になっていた。半世紀以上、島で暮ら

し続けていたのである。すでに妻の逸は他界しており、長女の操が東京に出ていた。そこで同年、半世紀ぶりに富蔵は島から出て、本土の地を踏んだ。

操は東京は築地船松町に住んでいたが、すぐ側の築地明石町は外国人居留地になっており、京橋・新橋間には銀座の煉瓦《れんが》街が立ち並び、新橋からは鉄道が横浜に延びていた。富蔵もそうした西洋の建物や汽車を目にしたはずで、いったいこの市街の変貌ぶりを見てどんな感慨を抱いたことだろう。

まもなくして富蔵は、実父・重蔵の墓へ向かった。墓は円光寺（滋賀県高島市）にあった。大溝藩に預けられたあと、重蔵はわずか二年で病死してしまった。五十九歳だった。罪人ということで、幕府の検視が済むまで、遺体は塩漬けにされたという。むごい話だ。それを知ったとき、富蔵は自責の念に駆られたことだろう。

墓参りを終え、異母弟が住む大阪の地を訪れたあと、西国巡礼をして東京に戻った富蔵だったが、なんとそれから二年後の明治十五年、八丈島へ戻ったのである。

変わり果てた生まれ故郷より、長年生活した八丈島を選んだのだろう。

最晩年の富蔵は、熱心な仏教徒となり、三根村尾端観音堂に籠もり、堂守になって念仏三昧の生活をおくった。ボロボロの服を着て、身体はシラミだらけだったという。知人は

「シラミは皮膚を侵すので取り除いたほうがよい」と勧めたが、富蔵は「僕は若い頃、人を殺めてこの島に来た。だからもう殺生はしないのさ」と答えたそうだ。

明治二十年（一八八七）、富蔵は八十三歳で生を閉じた。八丈島空港の近くに開善院善光寺の墓地が広がるが、そこに富蔵は眠っている。墓石は自然石でできた、まことに簡素なものであり、石には「近藤富蔵之墓」の文字だけが判然としている。もしこの老爺が人を殺めて来島しなかったら、八丈島の貴重な記録がいまに伝わらなかったわけで、なんとも不思議な縁《えにし》を感じてしまう。

日本で初めて昆虫標本をつくった博物館の父・田中芳男とは？

田中芳男《たなかよしお》、現代でも同姓同名が多くいそうな名前だが、幕末から明治に活躍した人物だ。「日本の博物館の父」と呼ばれ、東京国立博物館や上野動物園などを設立したが、田中芳男が博物館の設置に力を注ごうとしたのは、幕末にパリにいったことがきっかけだった。なぜ江戸時代に洋行し、いったいパリで何をしたのか、そのあたりから芳男について語っていこう。

漢方医の三男として生まれ、薬学や博物学を学ぶ

田中芳男は、天保九年（一八三八）に田中隆三の三男として飯田城下（現在の長野県飯田市）の千村《ちむら》陣屋で生まれた。千村陣屋というのは、旗本の千村平右衛門が榑木山《くれきやま》を管理し村々から年貢を徴収するために置いた役所で、隆三は陣屋で漢方医として働いていた。だから幼い頃から芳男は、父と山野を跋渉《ばっしょう》して植物を採取してはさまざまな薬を製したので、本草学《ほんぞうがく》（いまの薬学、博物学）に興味を覚え、父の蔵書を次々と読破していった。

安政元年（一八五四）、兄の文輔が病歿したので、十七歳の芳男が田中家を継ぐことになった。が、学びたい気持ちをどうしても抑えられず、当時も都会だった名古屋城下に出て尾張藩の儒学者・塚田氏に漢書を学び、さらに翌年、伊藤圭介に弟子入りして蘭学や本草学を学び始めた。

伊藤圭介は、長崎でシーボルト（ドイツ人医師）に直接教えを受け、彼から与えられたツンベルクの『日本植物誌』を翻訳・出版したことで、医学界でその名が知れ渡っていた。芳男の弟子入りは、尾張藩がちょうど圭介に種痘《しゅとう》法（天然痘の予防接種）を命じた頃で、芳男もその手伝いをしたという。

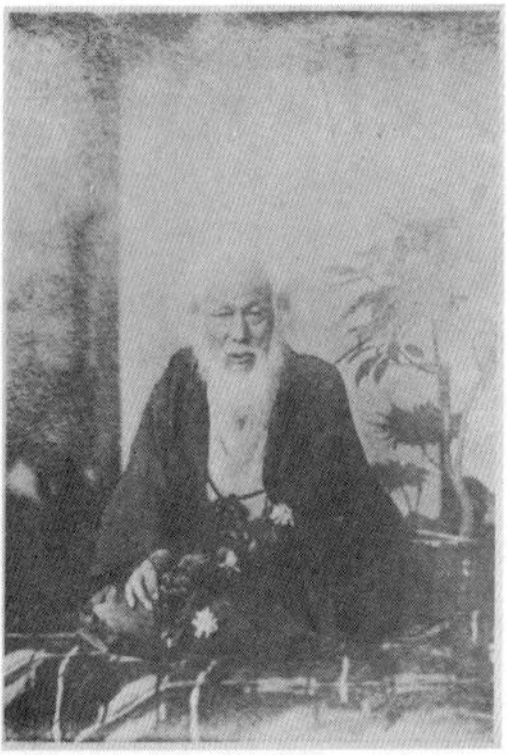
田中芳男の師・伊藤圭介

万延元年（一八六〇）に遊学を終えた芳男は、郷里に戻って父の家業を手伝いながら、翻訳書や外国の原書を読みふけり、ガルバニー式越列幾《エレキ》機（電流を用いた医療機器）を自作したり、電気を用いた金銀メッキの実験をおこなっていた。そんな芳男のところに翌年、人生を大きく変える話が舞い込んでくる。

殖産興業のための物産研究でキュウリや白菜、リンゴなどを普及させる

師の伊藤圭介から「江戸へ行かないか」と誘われたのである。

じつは圭介は、幕府の蕃書調所《ばんしょしらべしょ》に招聘《しょうへい》されることになっていた。蕃書調所は、天文方に置かれた洋書の翻訳や洋学研究をおこなう機関（蛮書和解御用《わげごよう》を拡大改称）で、当時の頭取は古賀謹一郎《こがきんいちろう》、頭取助《たすけ》は勝海舟だった。

二人は、「諸外国との交易を振興し経済の発展をはかるため、国内諸産物の品質の善し悪しを確定する必要がある。そこで物産学（役に立つ動植物・鉱物、農工業の産物を調査・研究する学問）に秀でた学者を蕃書調所に招きたい」と幕府に建議した。この申請が受け入れられ、この伊藤圭介に白羽の矢が立ったというわけだ。

このおり圭介は、最も有能な弟子である芳男を伴うことにしたのである。

文久二年（一八六二）、蕃書調所は洋書調所と改名し、新たに一橋門外に建物が新築されたが、さらに翌文久三年、開成所と改めた。ただ、開成所の物産方となった圭介は、本草学の大家ではあったが、殖産興業のための物産研究は得意ではなかった。しかも、攘夷主義者が江戸や横浜で外国人を殺し、洋学者を敵視する状況になったこともあり、強引に辞職を願い、郷里に帰ってしまった。

このため、物産方における調査・研究は、芳男が中心とならざるを得なかった。開成所には、アメリカ、フランス、ロシア、オランダ、イギリスなどから、さまざまな種子が続々と届けられた。

芳男はそれらの詳しい目録をつくり、九段坂上の薬草園や雑司ヶ谷の御鷹匠屋敷などで種をまいて栽培し、すべて試食するなどして有用性を一つ一つ確認していった。白菜やキャベツ、タマネギなども芳男によって試作され、出版物で紹介されて広まった。チューリップやキンギョソウなども芳男が紹介したとされる。

慶応二年（一八六六）春には、越前藩邸に移植された西洋林檎の枝をいくつか譲り受け、それを海棠《かいどう》（バラ科の落葉低木）に接ぎ木することに成功。明治になると、この方式で西洋林檎が普及していった。翌慶応三年十月、アメリカから林檎が届いた。味見した芳男は、「こんなものが世の中にあるのか」と感激するほど美味だったので、お礼として冬瓜など日本の野菜や果物を箱詰めしてアメリカ側にプレゼントしている。

誰も知らない昆虫標本作製を命じられる

このように開成所物産方で日々、実践的な研究をしていた芳男のもとに、幕府から驚く命令が発せられた。それが、昆虫採集である。

慶応三年（一八六七）にパリで万国博覧会が開催されることになり、その前々年、フランス政府が江戸幕府に正式参加を要請してきたのである。将軍・徳川慶喜はこれを承諾し、万博にパビリオンを出展し、代表団を派遣することに決めた。

すると、フランスの昆虫学会が幕府に対し、日本に生息する昆虫標本の展示を依頼してきたのである。

そこで幕閣が開成所に標本づくりを命じたというわけだ。が、もちろん誰も西洋の昆虫標本などをつくった経験はない。このため所員たちはみな敬遠し、仕方なく万屋《よろずや》を自認する芳男がその仕事を引き受け、幕府から「虫取り御用」に任じられたのである。

最初の仕事は、昆虫集めだった。

江戸に虫は少ないので、相模《さがみ》（現在の神奈川県）、伊豆、駿河《するが》（静岡県東部）、下総《しもうさ》（千葉県北部・茨城県南部）へ出張して採集することにした。手伝いが二人、供が三人、合わせて六人の昆虫採集団が結成された。ただ「虫取り御用」という名では格好がつかないので、「物産取調御用」という名義をこしらえ、慶応二年二月から各地を回っていった。けれど、今度はその名称のせいで「地元の産物を調査し、課税されるのではないか」と警戒する地方の人々もいたという。

当時、虫を捕る網はなかったので、魚をすくう網を代用品として、可能な限り多くの虫を捕まえていった。また、せっかく各地をめぐるのだから、植物や石、さらには温泉の水まで長持に入れて持ち帰った。

とくに苦労したのが、その後の標本づくりだった。虫の殺し方や乾かし方に関する知識は皆無だった。虫にピンを刺して留めることは知っていたが、詳しい手法がわからないうえ、鉄針を用いたら錆《さび》が出てしまった。木綿針や絹針も試したが、これまたうまくいかない。やはり、西洋のピンがよいということで、開港場の横浜に問い合わせたところ、仕立屋にあるという。そこで取り寄せてみたところ、仕立屋用のピン（スペルト）は、思ったより太かった。が、仕方がない。そのピンを用い、小伝馬町の店で買った桐箱に絹を敷き、昆虫を並べてピンで固定し、全部で五十六箱の標本を完成させたのである。

パリ万博で渡仏し、博物館にカルチャーショックを受ける

七月、万博への出品の品々が一同に並べられ、幕府の重臣が閲覧した。このおり芳男も昆虫標本をご覧に入れた。するとまもなく、「現地で展示品の陳列を手伝うように」とパ

1867年パリ万博のメイン会場とそれを取り囲む各国のパビリオン

リ行きを命じられたのだ。芳男が知識人であるうえオランダ語が話せることが、任命の理由だったと思われるが、まさか本人も現地へ行くとは思ってもいなかったろう。

こうして芳男は、日本の使節団に先発するかたちで、慶応二年（一八六六）十二月、イギリス船でフランスへ旅立った。十人以上のメンバーがいたが、船は貸し切りだったので気楽なものだった。そのうち三名が柳橋の芸者だった。幕府は万博の日本パビリオンに茶店を設け、彼女たちに茶をもてなすパフォーマンスをさせたのである。これは大評判になった。

芳男の作成した昆虫標本も絶賛され、ナポレオン三世とパリの殖産協会から賞状と銀メダルを贈呈された。他人と競争するのは大嫌いな芳男だが、一人で研究・工夫に没頭するのはまったく苦にならず、それが結果として高評価につながったのだろう。

しかも万博閉会後、芳男の昆虫標本はロルザという昆虫学者が高値で購入してくれた。のちにロルザはこの標本を用いて論文を書いている。

パリ万博が終わると芳男はすぐに帰国しており、パリでの滞在はわずか七カ月にすぎなかったが、後年、芳男はその時期のことを次のように話している。

「暇があれば博覧会場を巡覧し、また、博物館や動物園或いは植物園に行き、市街にも行ってみました。それから、種苗商に就いて種々買入れ、わが邦《くに》に持ち帰りて宜《よろ》しいような植物類を蒐《あつ》めました。そこで博覧会において出品物を見ると、知識の開けておる様子……今日こうも知識が発達しておるかと、驚きいるものが少なくなかった。そこで、努めて見覚え、また、書き付けて参りました」（田中義信著『田中芳男十話・経歴談』田中芳男を知る会、二〇〇〇年）

このように、パリの発展に感激した芳男は、ありとあらゆるものを目に焼きつけたのだ。とくに驚いたのは、フランス国立自然史博物館（ジャルダン・デ・プラント）だった。動物園や植物園も付設されている巨大な施設で、常に一般人に開放されている。館内の膨大な標本や遺物がわかりやすく分類・展示されており、なおかつ、生きたまま動物や植物を見ることもできる。国内外の諸産物を集め、その効能を広く出版物で紹介している芳男にとって、この施設のあり方はまさにカルチャーショックだった。

「自分がやりたいことは、まさにこれだ」

二十九歳の芳男は、パリに来て初めて己の生涯の道を見つけたのである。

国内の展覧会を指揮し、東京国立博物館設立も

こうしてパリから帰国したまさにその月、将軍・慶喜が大政奉還して江戸幕府は形式的に消滅し、半年後の翌慶応四年（明治元年・一八六八）四月、江戸城は新政府軍に無血開城した。だが、芳男はその動乱の時期にあっても開成所で研究をし続けた。やがて芳男はその専門性を買われて明治政府に仕え、明治六年（一八七三）のウィーン万博、明治九年のフィラデルフィア万博の日本展示を指揮し、明治十年の内国産業博覧会など国内の展覧会・博覧会の多くを主導していった。同時に上野の東京国立博物館や上野動物園設立にかかわり、さらに伊勢神宮に農業館を設立した。

田中芳男

芳男のコンセプトは、わかりやすい展示・解

説、人々の生活に役に立つ博物館・博覧会であった。芳男の脳裏には、つねに幼い頃に父から教えられた『三字教《さんじきょう》』（中国の宋代の子供用儒教テキスト）の教えがあった。

七十六歳と七十九歳のとき、芳男は講演の中で次のように話している。

「私は幼年の時に、専《もっぱ》ら親から教わって覚えたのは、三字教に出ておることである。親から書き抜いて貰って導かれた中に、最も身に染みましたのは、ちょっと読んでみますが、末のほうに、「犬は夜を守り、鶏は晨《あした》を司る、苟《いやしく》も学ばざれば、なんぞ人とならん。蚕《かいこ》は糸を吐き、蜂は蜜を醸《かも》す、人学ばざれば、物にしかず云々」とありまして」「これについて親から訓誡を与えられました。「人たる者は、世の中に生まれ出たからは、自分相応な仕事をし、世用を済《な》さなければならぬ」と懇々と教えられました。それで、自分もこの至極な道理を深く深く感得しまして、これが把柄《とりえ》となって、田中芳男の一生涯の精神となりました」「私はこれを以て親から導かれて、私の一生の精神となったのであります。農商務省におるにも、博覧会の審査官になるにも、伊勢の農業館に従事するにも、矢張りこの精神を失わずにやっておりました」（『前掲書』）

七十八歳のとき、芳男はこれまでの功績を讃えられて男爵を授けられ、翌大正五年（一九一六）に七十九歳の生涯を閉じたのである。

第三章

ある意味幸せな人生か……？
世にも奇妙な生き様

書写山に圓教寺を創建した世にも奇妙な僧侶・性空とは?

伝説に包まれた知られざる僧・性空

地方で講演会をしたときは、なるべく後泊して地域の史跡や寺社、博物館をめぐるようにしている。二〇一九年に姫路で講演があった。すでに姫路城はたびたび訪れているので、駅から会場までのタクシーの運転手さんにオススメを聞いたところ「書写山《しょしゃざん》」という言葉が返ってきた。講演終了後、主催者の方に尋ねてみたら、やはり書写山がオススメだという。

私も書写山に西国三十三所の札所で、西の比叡山と呼ばれる圓教寺《えんぎょうじ》があることは知っている。ついでにいえば、トム・クルーズ主演の映画『ラスト サムライ』のロケ地の一つだという話も聞いていた。ただ、駅から遠いし、山を登るのが面倒だしということで、なかなか足が向かなかった。

でも、紅葉の季節でもあったので、思い切って行ってみたところ、地元の方々が絶賛するのがよくわかった。荘厳な大伽藍《だいがらん》が自然のなかに鎮座しており、まさに室町時代にタイムトリップしたかのような錯覚を味わうことができた。

ただ、今回紹介したいのは圓教寺ではなく、この寺院を創建した性空《しょうくう》という天台宗の僧侶についてである。

決して日本史の教科書には出てこない人物だが、きっと彼の奇妙な生涯に読者諸氏は驚かれることだろう。

貴族の子として生まれるが幼少から仏道を望む

そもそも性空は、望まれてこの世に誕生したわけではなかった。橘善根《たちばなよしもと》（従四位《じゅしい》の中級貴族）の子として生まれた性空だったが、母はそれまでことごとく難産だったので、性空を身ごもったとき、医師から堕胎《だたい》薬をもらってこれを服用したのである。が、どうしたわけか流産することなく、性空はそのまま無事生まれたという。

右手を固く握りしめて母の体内から出てきて、それからも決して手を開くことがなかった。両親は奇妙に思い、無理やり手をこじ開けてみると、なんと針を握っていたという。

いずれにせよ、こうした出世の秘密を知ったのか、性空は小さいときから同年代の子供たちと交わらず、世を捨て仏道に入ることを望むようになる。そしてわずか十歳のときから法華経を学び始める。ただ、父の善根は、性空の出家を決して認めなかった。

そんな父が死歿したのち、母親とともに日向国《ひゅうがのくに》（現在の宮崎県）へ移った。出家したのは二十六歳とも三十六歳ともいわれるが、師としたのは比叡山延暦寺の良源であった。その後、再び日向国へ戻り、霧島や筑前国《ちくぜんのくに》（福岡県）背振山《せぶり》などに籠もって修行に励み、播磨国《はりまのくに》（兵庫県南西部）に移って小さな庵《いおり》を結んだ。

この頃から、性空は人々の耳目を集めるようになった。

一日中法華経を読んでいるのだが、そのスピードたるや、すさまじく速いのである。これに感心した人々が性空に食べ物や品物を差し出すと、それがどんな粗末なものであっても非常に喜び、丁寧に感謝の意を捧げた。決して怒りを発することもなかったという。また、食べ物に関しては野山の鳥や獣にも惜しみなく分け与えた。そんなことから、多くの老若男女から帰依《きえ》を受けるようになった。

性空の噂は都の貴族たちにも届き、具平親王《ともひら》、慶滋保胤《よししげのやすたね》、藤原実資《ふじわらのさねすけ》、藤原行成といった皇族や貴族たちも彼のもとにやってきた。

仏に守られた性空の伝説

あるとき、時の円融《えんゆう》法皇（平安時代中期の天皇。九五九―九九一）が重い病気にかかる。すると周囲の者が「性空の法力に頼ったらいかがでしょう」と法皇に勧めた。

性空は動物たちと心を通じ合うことができ、彼が食べ物に困ると「経巻から米粒があふれ出したり、寒さに凍えると、天空から温かい綿服が中空に現れ、その身を覆う」といった噂が巷間《こうかん》に広まっていた。

このため法皇は、側近の武士に性空を都にお連れするよう命じた。そこでその武士はさっそく摂津国《せっつのくに》（現在の大阪府北中部の大半と兵庫県南東部）へと向かった。途中、梶原寺で一泊したおり、その武士が「もし性空に断られたら、勅命《ちょくめい》を楯に強引に連れていかなくてはならぬのか」と夜中に悩んでいると、ネズミが天井裏を駆け抜けた。このとき紙切れがひらひらと枕元に落ちてきた。そこには「乱脳説法者頭破作七部」という法華経の一説が書かれていた。説法する僧侶を苦しめると、頭が七つに割れるという意味だった。これにショックを覚え、その武士は一睡もできなくなったが、法皇の命令ゆえ、仕方なく翌日、書写山の性空と対面、事情を話して都へ来てくれるよう必死に懇願した。性空はこれを承諾し、「仏に仕える身ゆえ、その許しを得なくてはならぬ」と言って仏間に入った。武士は性空が逃げぬよう、郎党たちに庵の周りを囲ませた。

すると性空は仏の前で「私は困難に遭遇しております。どうか助けたまえ！」と大声で叫び、鉦《かね》を打ち鳴らし、数珠を激しく揉み、ついには何度も床に額を打ちつけ涙を流したのだ。

武士はこの姿を見て、流罪《るざい》覚悟で勅命に逆らう決心をし、静かに庵を後にした。ところが庵から出てしばらく行くと、円融法皇の使いが来て「性空様をお連れしてはならぬ。法皇様が夢のなかでお告げを受けたのだ」と答えたので、その武士は非常に驚き、都へ戻ってこれまでの出来事を詳細に語ったという。

性空上人座像（圓教寺所蔵／国指定重要文化財）

法皇や和泉式部もすがった性空の法力

円融法皇の次に皇位についた花山《かざん》法皇も性空に帰依し、二度にわたって自ら書写山を訪れている。とくに二度目は延源という絵師を密かに伴い、その姿を観察させ、陰に隠れて肖像を描かせた。ところが描画中、山が音を立て地響きがした。仰天している花山法皇に対して性空は「私の姿を写したので、地が震えているのです」と答えたという。以後、ますます花山法皇は性空を信奉するようになった。

和泉式部も帰依者の一人だった。彼女は奔放な女性で、親王など皇族をはじめ、妻子ある多くの男性と性的関係を結んだ。牛車での性行為の歌なども詠《よ》むほどで、紫式部や藤原道長もその素行のひどさにあきれるほどだった。そんな彼女も晩年になると、世の無常に悩まされたのか、性空の庵を訪れる。

が、性空は彼女をなかへ入れようとしない。そこで和泉式部は「くらきよりくらきみちにぞ入りぬべき　はるかにてらせ山のはの月」という歌を贈った。「これから暗い道に入っていく私です。どうか山の端の月よ。そんな私の行く先を照らしてほしい」という意味だ。これは性空が信奉する法華経をふまえた歌であり、もちろん、月とは性空を指している。

巧みな歌に感激した性空は、ついに彼女に門戸を開いたという。和泉式部は「女の身で往生できるのか」と相談、

圓教寺摩尼殿。四天王像など国の重要文化財も多い。摩尼殿は兵庫県指定重要文化財（画像提供：圓教寺）

対して性空は石清水八幡宮を信仰すれば往生できると教えてやった。このおり和泉式部は性空から袈裟《けさ》をもらうが、それを身につけて往生したという。

このように都の貴族たちから帰依された性空は、のちに圓教寺を創建。同寺はその後、後白河法皇、後嵯峨《ごさが》上皇、足利尊氏などの保護を受けて発展、四国三十三所の札所となった。なお、性空は寛弘四年(一〇〇七)に死去するが、享年九十八という驚くべき長命を保ったのである。

石集めに生涯をかけた木内石亭の偉業

十一歳から石を集め始めた富家の息子

誰にでも収集癖がある。私もときおり、何かを無性《むしょう》に集めたくなるときがある。たとえば子供時代は切手を集め、その後はアンティークボトル（要は古い空き瓶）を買い集め、いまは海岸で宝貝を拾い集めている。

大抵は数年で熱が冷めてしまうが、長年収集し続ける熱烈なコレクター癖をもつ人々も多い。

そこで本項では、七十年以上ひたすら石だけを集めた木内石亭《きうちせきてい》という人物をぜひ紹介したいと思う。もちろん石亭という号も、「石」にちなんで自らつけたものだ。

石亭は享保九年（一七二五）、近江国志賀郡坂本村（現在の滋賀県大津市）に拾井平左衛門の子として生まれ、幼い頃に木内家に養子へ入った。

養父は母・見せの実父である重実、石亭の祖父にあたる。重実が男児に恵まれなかったので、長女「見せ」の子を養子にしたというわけだ。木内家は名家で、近江国膳所《ぜぜ》（滋賀県大津市）藩主本多氏の郷代官を務める富家だった。

石亭が石に興味を抱くようになったのは、十一歳の頃だという。

他の子のように外を元気よく走り回るのではなく、石亭少年は石ばかり集めては、それを眺めたりいじったりして楽しむようになった。どうして石ころなどに関心をもったのか定かではないが、もともと木内家には、兎石《うさぎいし》が家宝として所蔵されていた。足利義政が「海上月」の文字を刻んだ石である。それに、近くの琵琶湖畔には珍しい石が多く産出する。そうした環境にあったので、自然と親しむようになったのかもしれない。

十八歳のとき、石亭は石にまつわる神秘体験をする。

同年正月十八日、夢を見た。市中を歩いていると、古道具店の軒先に糸で葡萄《ぶどう》が吊るしてある。近寄って手にしたところ、なんとそれは、透き通った八つの青い石のかたまりだった。まるで本物の葡萄と見まがうばかりの色と形。喜んだ石亭が廉価でその石を買い取った瞬間、夢から覚めたのだった。

それからちょうど一年後の正月十八日、石亭が大津の高観音を参詣したとき、夢に見たのとまったく同じ光景を目にする。そう、古道具屋に葡萄石《せき》が吊るしてあったのだ。俗にいうデジャヴというやつだ。

もちろん石亭は、即座にその葡萄石を買い取った。このおり「すべて夢のごとし。あに奇遇にあらずといわざらんや」（『雲根志《うんこんし》』）と感激した石亭は、この現象は神のお告げであり、己の行くべき道を指し示す霊夢だと認識した。

禁固刑に処されても石を愛玩し、ストレスなし

さて、二十歳になった石亭は、にわかに木内家の跡取りから外され、分家の身となってしまう。その理由だが、どうやら石亭が「貪吏罪《どんり》」に連座したからのようだ。具体的な罪科はつまびらかではないが、文字づらからいえば、村役人の身で汚職にかかわったと思われる。つまり、木内家の体面を汚したということで、跡継ぎから外されてしまったと推察できる。

ただ、石ばかりを愛でて暮らす石亭を見て、当主の重実が木内家の将来に不安を感じた可能性も指摘されている。

なお、この罪で石亭は、禁固三年に処されている。同時代の畑鶴山《はたかくざん》（維龍）が記した随筆『四方《よも》の硯《すずり》』には、処罰された石亭について次のように記されている。

禁固中に連座した仲間はみな病死したが、石亭とその妻は「つとに起き、夜は寝るまで石もてあそび、起居動止まめやかにして（まじめで注意が行き届いている）三年の星月ふる事を忘れて石を手すさみ（いじって）楽しみければ、身にいささかの悩みなく、夫妻ともにすこやか（健康）也。その後に罪ゆるされて、石を好むこと元のごとし。常に人に語りて曰く、吾、石を玩する癖（楽しむ趣味）なくば必ず病にかかりて、身なくならまし（死んでしまったものを）を、石の吾を冥助《みょうじょ》する（守る）こと、いと篤《あつ》しと物語りぬ」

このように石亭は、「自分たちは、石を愛玩したのでストレスもなく、健全な生活を送ることができた。石が私たちを守ってくれたのだ」と語っていたというのだ。ここまでくるともう、石に対する絶対的信仰心とさえいえようか。

石のコレクターを集めて「奇石会」を主宰

二十七歳になった石亭は、京都で茶人の野本道玄に弟子入りして茶を学び、翌宝暦元年（一七五一）、本草学者の津島恒之進に師事した。

本草《ほんぞう》学というのは、薬になる動植物や鉱物の効能や形態などを研究する学問のこと。石亭が集める「石」もその研究対象だった。このように二十代後半になると、石亭は単なる奇石・珍石のコレクターから次第に脱皮していった。

宝暦四年に津島が亡くなると、今度は江戸の田村元雄から本草学を学ぶようになる。田村は、平賀源内を初めとして多くの弟子をもち、盛んに物産会や陳列会を開いた。石亭は本草学の世界に入ることで、知識人たちとも交流するようになり、同時に物産会に自分のコレクションを出品してその名を知られるようになった。

ただ、家庭的には恵まれなかったようだ。先の随筆『四方の硯』の記述から、二十歳の頃に石好きの妻がいたことがわかるが、子供ができずに養子を迎えたものの、わずか七歳で早世してしまう。石亭三十八歳のときであった。その後、死別か生別かは不明だが、最初の妻と別れて再婚するが、やはり子に恵まれず、嘉蔵を養子とした。

こうした家庭状況がますます石亭をして石の蒐集《しゅうしゅう》に駆り立てたのか、やがて石のコレクターを集めて「奇石会」を主宰し、定期的に品評会を開くようになった。

会員はなんと数百人に及んだというが、同好の士の集まりゆえ、身分や年齢を超越した会であった。年齢も二十代の若者から老人までと幅広く、大名、公家、武士、商人、農民、僧侶などあらゆる階層が加わっている。

なお、三十代から五十代にかけて石亭は、珍しい石や趣味仲間との交流を求めて三十カ国（全国の半数）を旅して歩いた。分家の身に落ちたものの、働かずに旅行できるくらいの財産は、養父（祖父）の重実から与えられたのだろう。

石集めのためなら祟りも恐れず

奇石や珍石を得るために石亭は、平然と険しい山へ分け入り、危険な谷川にくだり、崖をよじのぼった。たとえば、こんな逸話もある。

金華山（現在の宮城県石巻市）へ船で向かう途中、船員から「山の金砂を持ち帰ると祟《たた》りがある」と禁じられていたのに、石亭は密かに懐に入れて持ち出そうとした。

ところが帰りは大荒れの天候。このため船はいったん引き返し、乗客の身体検査がおこなわれた。このとき石亭が砂を隠し持っていたことが露見。船乗りに激怒され、仕方なくいったん砂を元に戻した。

ところが、じつは隙を見て再び砂を懐中に入れて帰路についたのだった。コレクションを得るためには、神の祟りや命の危険すら恐れなかったことがわかる。

旅行では、事前に調べて名石を有する寺社をめぐったり、愛好家の屋敷で名石・珍石を見物したり、全国の同好の士と会って情報を交換したり、石を売り買いしたりした。とくに同じ趣味をもつ各地の仲間と語り合うのは、石亭にとって至福の時間だったろう。交流のある愛好家は三百人に及んだといわれる。

また、「蟻の化石が摂津国有馬の愛宕山《あたご》から見つかった」と聞くと、発作的に現地へ向かったように、石に関する新情報に接すると、居ても立ってもいられなくなり、発作的に旅立つこともあったようだ。

執筆した石の大図鑑から、石がブームに

こうして生涯に蒐集した奇石・珍石は、二千から三千にのぼった。そのうち百種をセレクトして三十余人の絵師たちにその姿を描かせ、石の図鑑『百石図巻』を完成させている。

また、五十歳の安永二年（一七七三）、石亭はそれまでの研究成果の集大成として『雲根志』を上梓《じょうし》した。集めた石を「霊異類《れいいい》、采用類《さいよう》、変化類《へんげ》、奇怪類、愛玩類」の五つに分類し、適宜、石の挿絵を加えつつ、自分の体験談や伝承を交え、各石の由来や性質・産地などの解説を加えた大著である。さらに五十六歳のときに後編、七十八歳で「三編」を追加し、二十八年かけて十五冊の大著を完成させたのである。まさに石の大図鑑といえる。

この『雲根志』が生涯で唯一、石亭が一般に刊行した印刷物（書物）だったが、これに

より一躍石亭の名が世に知れ渡った。そして本書が出版されると、石コレクターが急増、空前の石ブームが到来する。

石亭の屋敷には全国から同好の士が見学に訪れ、あるいは各地から奇石の寄贈が相次いだ。また、尾張藩主の一族から名石の送付を求められることもあった。

このように木内石亭は、好きが高じて時代のムーブメントをまき起こしたわけだ。

しかし六十歳のとき、大病に冒されてしまう。もう死は免《まぬか》れぬと観念し、養子の嘉蔵に遺言状をしたためたほどだった。

当人の性格なのか、遺言状には遺体の処置から死に装束、葬式の方法などが事細かに書かれている。そのうえで、私は生涯、立場をわきまえずに石に心魂をなげうった結果、全国に名を知られ、身分の高い人も尋ねてくれるようになったと述べ、それは「石の徳ならずして何ぞや、死後心の残るは石也」（斎藤忠著『人物叢書　木内石亭』吉川弘文館、一九六二年所収）と記している。

ただ、養子の嘉蔵はまったく石に興味がなかったようで、遺言状には「お前が石集めが

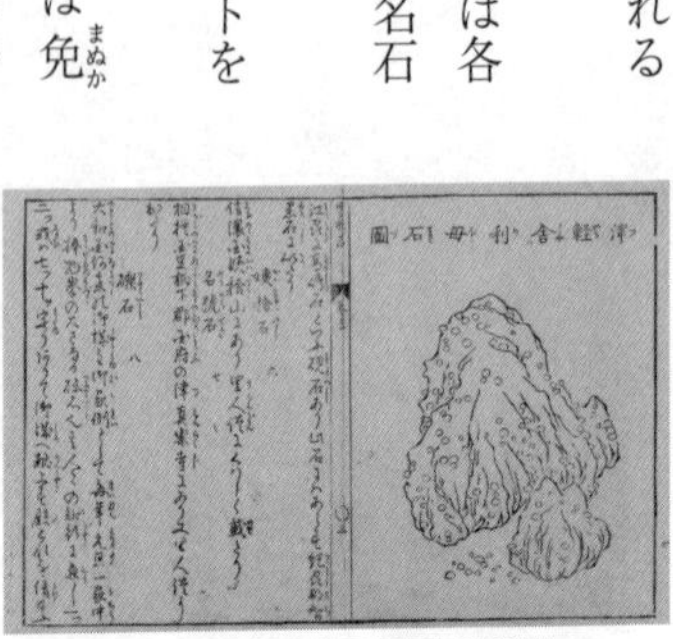

『雲根志』より（京都大学理学研究科所蔵）

嫌いなら勧めても仕方ないし、それを願っても益はない。でも食べ物の好き嫌いは多くはわがままである。できれば我意を離れて、家のため、また親孝行と思い、考えてみてほしい」と自分の石集めを養子に継続させたいと願っている。

しかし、幸いにも石亭は健康を回復し、それから二十五年を生きたのだった。

木内石亭が名所旧跡と並んでガイドブックで紹介される

晩年は、自然石より人工石に興味をもった。具体的には石器や矢じり、石棒、勾玉《まがたま》など、縄文時代から古墳時代に作成された石製品である。当時は神代石《じんだいせき》と呼ばれ、神がつくったものと考えられていた。

しかし石亭はそれを明確に否定し、徹底的に調査したうえで、『曲玉《まがたま》問答』、『鏃石《ぞくせき》伝記』などを著した。鏃石とは、石のやじりのことである。今読めば、稚拙な内容も含まれるが、頷けるところも少なくない。これらは刊行物ではなく直筆本だが、多くの人々に写され、多数の写本がつくられた。まさに考古学の先駆的研究といってよいだろう。

『東海道名所図会』全六巻は、寛政九年（一七九七）に秋里籬島《りとう》が刊行した東海道の名所・旧跡や特産物を詳しく紹介した絵入りのガイドブックである。当時、ベストセラーとなったが、その巻二の一項目に「山田石亭」とある。そう、木内石亭が名所旧跡と並んで紹介されているのだ。石亭七十四歳のときのことである。

人間を名所として紹介するのは極めて珍しく、石亭にとってはまことに名誉なことだった。

紹介文には、石亭の略歴や業績が記され、さらに屋敷の庭に梅や松が植えられ、書院からは琵琶湖が一望できること、多くの好事家が訪れること。書斎では石以外の話を禁止したことなどが書かれ、さらに月珠石、羅漢石、石桂芝、琉球珊瑚、鉄樹など、石亭のコレクションがイラスト入りで紹介されている。

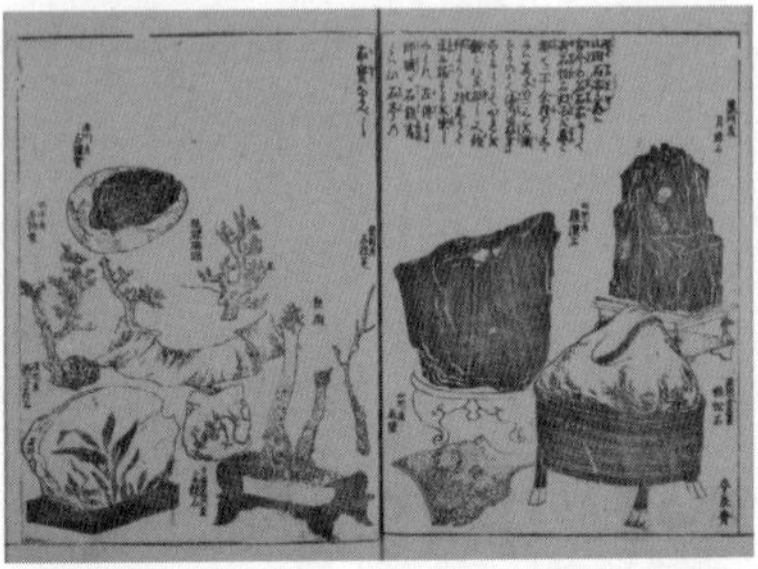

『東海道名所図会』巻二の「山田石亭」（早稲田大学図書館所蔵）

文化五年（一八〇八）三月十一日、木内石亭は八十五歳の生涯を閉じた。亡くなるまで石の蒐集や研究をやめることはなかった。石亭は自ら「石よりほかに楽しみなし」と言ったが、好きなことだけに没頭しつづけて死ねる人生、こんな幸せな人はそうそういないだろう。うらやましいかぎりである。

殿様からアホのふりを命じられた希代の奇人・天愚孔平

ボロをまとい風呂にも入らない奇人

天愚孔平《てんぐこうへい》については、天保六年（一八三五）の『百家琦行伝《ひゃっかきこうでん》』（八島五岳編）に詳しく紹介されている。もう書名から容易に想像できると思うが、当時の奇人変人を紹介した本だ。

また、『南総里見八犬伝』などで有名な曲亭（滝沢）馬琴も、「古今まれなる奇人」といわれる孔平に強い興味をもったようで、わざわざ本人と直接会ってその略伝を書き上げ、『兎園小説別集』に載録している。

この二書を参考にしつつ、天愚孔平の奇人ぶりを紹介しよう。

そもそも孔平の外見からして尋常ではなかった。往来を歩くときは晴雨にかかわらず、必ずボロボロの雨合羽《あまがっぱ》を身につけているのだ。しかも、他人が路傍に捨てた古草履《ふるぞうり》などを拾い集め、それをつくろい、再び履くのを趣味とした。その理由を他人が尋ねると、孔平は「私は世に捨てられたものを使うのが好きなのだ」と飄々《ひょうひょう》としていた。

『百家琦行伝』の天愚孔平（国文学研究資料館データベースより）

ただ、困るのは、四十歳ぐらいから一切風呂というものに入らなくなったことである。馬琴が文化九年（一八一二）に孔平に取材したとき、彼は「私儀、当年百五つに相成り候」とうそぶいているが、実際は八十歳ぐらいだった。それでも四十年近くは風呂に入らなかったわけで、身体から常に酷い悪臭を発していた。だから孔平がその場から立ち去ると、人々はあわてて箒《ほうき》で掃き、塩で清めたという。きっと身体からも埃《ほこり》や垢《あか》がボロボロと落ちたのだろう。

「俺が風呂に入らないのは長寿のためだ」と豪語する孔平は、同じ理由から熱い食べ物を一切食さず、毎月六日に手の爪、九日に足の爪を切るのを習慣とした。妻との間には九人の子をもうけたが、やはり四十歳頃から性交を絶ったと語っている。

前戯なしの早漏こそが健康の秘訣？

この話に興味をもったのか、馬琴は孔平から性体験をさらに詳しく聞き出している。

孔平が言うには、十一歳の頃から毎夜のように「妄想」を見るようになり、十五、六歳になると、それがますます激しくなったという。どうやら彼が「妄想」と称しているのは、文脈から判断すると、性夢（官能的な夢）を指しているようだ。

ちょうどこの頃、友人たちがいたずらで孔平をつかまえ、無理やり彼に「手すさみ」をしたという。いわゆるマスターベーション、手淫である。こうして初めて性的快感を味わった孔平は、その後三度だけ「手すさみ」をしてしまったと語る。

初体験は二十歳のとき。夜這いに行き、女の寝床に「忍びより、すでに合するまで目を覚まさず、その間に事果て帰れり」と述べている。性行為をされても熟睡している者がいるとは思えないが、孔平は「養生には情を移さず、早く仕舞うが宜しく候」と述べる。つまり、前戯なしの早漏こそが健康の秘訣だというのだ。

さらに孔平は、馬琴に性体験を語り続ける。

若い頃、二本松（現在の福島県二本松市）藩主の丹羽左京大夫《にわさきょうだゆう》と昵懇《こんい》になり、「お前を粋な男にしてやる」とたびたび吉原へ連れていってもらった。合計で三百両おごってもらったという。そのさい芸妓《げいぎ》を同床するが、こうした女性と性交しないのが先祖代々の遺戒であった。そこで孔平は仕方なく、いきり立つ己の性器を「ひとり手すさみにて帆柱を倒したり」と告白する。ただし、孔平はかなりの虚言癖があり、これが事実かどうかはわからない。いずれにせよ、なんとも奇天烈《きてれつ》な男である。

千社札の創始者としても知られる

この孔平が世に知られたのは、千社札を創始したからであった。

参拝の記念に寺社の諸堂に貼りつける名札だ。いまでも多くの寺社仏閣の建物に見られるが、この風習は江戸の寛永期に爆発的なブームとなり、一時、幕府が禁止するほどになった。

『百家琦行伝』によれば、孔平は「壮年より、四方《よも》の神社仏閣に詣ずるときは、必ず、堂塔に題名して帰ることをなす。その筆硯《ひっけん》のわずらわしきをいとい、のちには印刻して、天愚孔平と紙に刷りて、これを貼りて歩きしなり」とある。

また、馬琴も「千社参りの札を貼ることは、この孔平が始めたりという。孔平と印板せし紙札、今は稀《まれ》にあり」（『兎園小説別集』）と記している。

文中にある「題名」というのは、「名所旧跡を尋訪し、深山幽谷へ登覧した際に、記念に姓名や年月日を、その建物に限らず岩や樹木にまで記して帰る、という行為を指す」（土屋侯保著『江戸の奇人　天愚孔平』錦正社、一九九九年）そうだ。

下品なたとえになるが、やんちゃな若者が「～参上！」といった落書きを観光地のトイレなどにするイメージだろうか。

ともあれ孔平は、筆で名前を寺社の建物に書く「題名」が面倒くさいので、あらかじめ自分の名を紙に印刷し、ペタペタと貼りつけたのだ。

これが千社札の始まりだというのだ。

ただ、土屋侯保氏の研究によれば、その認識はどうやら正しくないようだ。同じ頃に、麴五吉や「てんこう」といった人々も千社札を用いるようになっており、「飛躍的なブームの火つけ役であった事は確か」（『前掲書』）だが、孔平創始者説は疑問視されている。

とはいえ土屋氏も、千社札を貼り付けるさい、継竿の裏に刷毛をつけ、高楼の屋根裏などにも簡単に貼れる工夫をしたのは孔平なので、「札を貼る事を、改良・発展した点に於いて将に祖と呼ぶにふさわしい人物であった」（『前掲書』）と評している。

実は松江藩藩士であり、藩主側近として活躍していた

ところで、この天愚孔平という名前、ずいぶん珍妙に思えるだろう。じつはこれ、本名ではない。

「天愚」姓の由来を尋ねられたさい、孔平は「我、天性、愚《おろか》に生まれたれば、天愚とは呼ぶなり」（『百家琦行伝』）と答えている。

ただ馬琴に対しては、「すべてのことに高慢なれば、自ら天愚斎と号し、世の人も天狗とは言いしなり」（『兎園小説別集』）と述べており、高慢ちきで鼻高々な自分を天狗にたとえて「天愚」と称し、人々もそう呼んだと証言している。

どちらの説が本当かわからないが、「孔平」という名については、先祖が孔子の末裔《まつえい》であり、明の時代、その末裔の子を妊娠した女性が日本の海賊の捕虜となり、のちに「平の某（平氏一族）」と結婚したので、「孔子」と「平」の字を合わせ孔平と称したそうだ。

ちなみに天愚孔平の本名は、萩野信敏《はぎののぶとし》という。俗称は喜内。字は好古。鳩谷と号した。

しかもこの人、れっきとした松江藩士なのだ。萩野氏（三百石）は代々、松江藩松平氏に藩医として仕えており、父の春庵も藩主・宗衍《むねのぶ》の侍医を務め、幼い頃から宗衍の教育係として学問を教えていた。

このため、享保十八年（一七三三）に生まれた孔平も十二歳のとき、宗衍の御伽役《おとぎ》（学友）として召し出された。遊び相手だったこともあり、宗衍から篤い信頼を受けた孔平は、何度も藩主の代わりに寺社に代参したり、精勤により褒美《ほうび》を頂戴するなど側近として活躍しはじめる。

宗衍引退後も次代の治郷《はるさと》、さらに次の斉恒《なりつね》に仕え、御納戸《おなんど》役や御側医など、その後も役職を歴任した。隠居を許されたのは、なんと八十四歳のときのことだった。

実は頭脳明晰で書にも優れ、著述物は百以上

なお、主君・宗衍が吉原へ行くとき、孔平はいつも同行を命じられた。警戒したのか、好き嫌いが多いのかわからないが、藩主の宗衍は遊郭で出された食べ物には一切手をつけず、藩邸の料理人につくらせた食事を膳簞笥《ぜんだんす》に入れて持参させた。だから遊郭の料理を食べるのは、いつも孔平の仕事だった。「主人の名代に食べよとて、膝元に始終置かれ、腹いっぱいこれを食い候こと、かたじけなき儀に存じ候」（『兎園小説別集』）と馬琴に回想している。

ともあれ、その奇行に似合わず、天愚孔平はれっきとした松江藩の重職だったのだ。しかも彼は頭脳明晰で、先の『百家琦行伝』も「博識にして、文章に秀で世を玩弄《がんろう》し、節倹

にして家ことに富めり」「会いて談話《ものがたり》すれば、その論たかく、博識並ぶ方もなし」と褒めている。

また、書にも優れており、役職柄、天下の政務にも興味があったようで、『よしの冊子《ぞうし》』には、孔平が「江戸へ交易所をお建てなされ、自分を交易奉行に仰せつけられ候わば、物の直（値）段を平らかにいたし、江戸のみならず日本をならし申す」と述べたことが、しっかり書き留められている。

『よしの冊子』は、寛政の改革をおこなった老中・松平定信の側近である水野為長が隠密をつかって集めた情報をまとめたもの。「交易」が海外貿易を含むかどうかは不明だが、孔平自らが江戸に建てた交易所の長官となって日本全国の物価を安定させたいと願っていたことがわかるうえ、それが幕府の当局に探知されていたことが判明する。奇人だが、大きな志をもっていたわけだ。

博覧強記な孔平は、本も執筆している。

刊行に至らないものも含めると、驚くべきことに、彼の著述物は優に百を超える。しかも、その内容は極めて多岐にわたっている。詩文集、詩文用語集、医学注釈書、朝鮮人参の効能書、書道手習い本、地名本、政治の要諦を述べた文、治水に関する書などがあるが、塙保己一《はなわほきいち》の伝記『塙勾當伝《はなわこうとうでん》』は注目に値する。

周知のように保己一は、和学講談所をつくり、『群書類従《ぐんしょるいじゅう》』（日本の古典や史料を蒐集して編纂《へんさん》した膨大な叢書）を刊行した盲目の大学者である。

ただ、孔平が伝記を記したとき、保己一はまだ三十四歳。注目されていたとはいえ、『群書類従』の編纂すら決意していないときだ（塙保己一については第五章で詳しく紹介する）。先の土屋侯保氏は、孔平が保己一に資金援助していた可能性を指摘している。私も全く同感であり、この伝記も保己一の将来性に期待して記したものだと思う。

さらに孔平は、多くの人々から求められて、序文や跋文《ばつぶん》（著者とは別人の前書きと後書き）を記している。名文なので、孔平が書くと本の売れ行きが伸びるのだという。代表的なのは、教科書にも登場する大槻玄沢の『蘭学階梯』である。蘭学の入門書として異例の売れ行きとなった。

「奇行や虚言の人生を送れ」と命じた、奇人の殿様

孔平が撰した碑文も多い。主君・宗衍も生存中に墓碑の撰文を依頼した。非常に名誉なことであり、孔平も嬉しかったと思う。この碑は、松江藩松平氏の墓所の月照寺に現存す

る。孔平四十六歳のときのことだが、大槻如雷《じょでん》（玄沢の孫）によれば、じつはこの頃、宗衍は孔平にある命令をくだしたという。

それが「奇行や虚言の人生をおくれ」というもの。

実際、この頃から孔平が常人とは違う行動をとり始めている。

なぜ、宗衍はこんな馬鹿げたことを命じたのか不明だが、彼なら十分やりそうなことだ。当の宗衍自身が奇人なのだ。

肌の美しい女性に花の彫り物を入れ、薄い着物を着せて模様が浮かぶのを楽しんだり、化物屋敷をつくって、貧しい町医者を拉致して屋敷に入れ、怪物を見せて驚かすなど、奇矯《ききょう》な行為が目立った。ちなみに、このとき大入道を演じた松江藩お抱えの力士・釈迦《しゃか》ヶ嶽雲右衛門《たけくもえもん》は、負け知らずの強さを誇っていたが、二十七歳で病歿した。その碑は深川八幡宮に建立され、現存するが、これの撰文も孔平が担当した。碑の高さは釈迦ヶ嶽の等身大とされ、二メートル二十八センチある。

以上、奇人であり奇才である天愚孔平こと萩野信敏の数奇な生涯を紹介した。

西洋の銅版画を日本に伝えた司馬江漢

江戸の町人に生まれ画家を目指す

司馬江漢《しばこうかん》は高校日本史B（通史）の教科書すべてに載録されている。とはいえ、何を成し遂げた人なのか思い出せない方も多いだろう。江漢は江戸中期に活躍した画家である。

山川出版社の『詳説日本史B』（二〇二二年）には、次のように記されている。

「18世紀後半に、西洋画では司馬江漢や亜欧堂田善《あおうどうでんぜん》らが活躍した。江漢は平賀源内に学んで銅版画を創始した」

西洋画はわかるが、銅版画というのはちょっとイメージしにくいと思うので簡単に説明しよう。

まずは銅版の表面体に薄く膠《にかわ》などを塗り、鉄筆などで表面に絵を描く。すると描いた部分は膠が削れて銅が露出する。そこに薬品（酸）を流し込み、銅を腐蝕させて板に凹凸をつけ、色を入れて紙に印刷するのだ。この手法をオランダの書籍を参考にして、日本で初めて成功させたのが江漢なのである。

ところで司馬江漢と聞くと、その名から中国人だと思うかもしれないが、れっきとした江戸っ子である。もとは安藤吉次郎と称していたが、唐橋世済《からはしせいさい》（豊後国《ぶんごのくに》（現在の大分県）岡藩の医者で儒者）に漢詩を学んでいたとき、名が「漢風にあらずば風雅にあらず」と思い立ち、「名は峻《しゅん》、姓は司馬、字は君嶽《くんがく》、号は江漢」（晩年の江漢の随筆『春波楼《しゅんぱろう》筆記』）と変えたのだという。

司馬姓は「芝」に住んでいたから「シバ」を唐人風に変え、号の江漢は先祖がいた紀伊国（和歌山県）紀ノ川にちなんで中国の大河「江漢」の名をつけたとされる。ただ「江漢」の称が「江水（揚子江）」と「漢水（漢江）」という二つの河だとは知らず、一つの大河だと信じていたそうだ。

江漢の生まれた安藤家は江戸の町人だったが、父親の職業は判然としない。ただ、伯父が絵の才能がある人で、幼い頃から江漢は雀や達磨の絵を描いては彼に見せていたというから、描画の手ほどきを受けていたようだ。十四歳のときに父が死に、母子家庭となった。けれど母は「性質剛直にして貞実なり、孟子の母のごとし」（『前掲書』）と江漢が回想しているから、相当気が強く、孟母三遷《もうぼさんせん》の言葉どおり、教育熱心だったと思われる。

そんな母に育てられたことで、江漢は「若きときより志を立てんことを思い、何ぞ一芸をもって名をなし、死後にいたるまでも名をのこ」（『前掲書』）そうと決意する。

そして、武士の命である刀をつくる名工になろうと思ったが、その後、「刀が不要な平和な世であるうえ、刀は人を殺す道具である」と思い直し、今度は目貫《めぬき》など刀剣の飾りをつくる職人を目指した。ところが、名人の多い業界だと知ってたじろぎ、少年時代から好きだった絵の道に入ることに決めたという。

仙台藩主の前で浮世絵、宋画を描く

こうして江漢は、狩野派に入門して絵を学び始め、やがて人気絵師の鈴木春信に弟子入りして浮世絵を描くようになった。ところが、師匠の春信が四十代半ばで急死してしまう。そこで、師の贋作《がんさく》をつくって売り出したところ、なかなかの出来映えで誰も偽物だと気がつかない。しかも、鈴木春重と名乗って描いた自分の絵もそこそこ売れ始めた。

にもかかわらず、浮世絵は低俗な気がすると言って、すっぱりこの世界から足を洗い、今度は宋画（中国画）を宋紫石《そうしせき》に学び始めたのである。

とはいえ、やはり絵の才能があったのだろう、宋画のほうもたちまち上達して人に教えるまでになり、さらに噂を知った仙台藩の重臣・後藤孫兵衛に呼ばれ、その場で描画を披露することになった。

このとき江漢は、うまく描くコツを巧みに後藤に教えながら素晴らしい「墨梅」を描き上げたので、後日、仙台藩主・伊達重村の御前で絵を描くことになった。著名な書家・篆刻家《てんこくか》である深川親和《しんな》も、その場に同席していた。

重村は「この紙へ美人をしたためよ」を絹紙を与えたので、江漢が浮世絵の立ち姿美人をすらすらと描き上げると、今度は「これと対になるものをしたたむべし」と言うので、男性を描いてみせたところ、大いに満足した重村は御簾《みす》の奥で見物していた正妻にその絵を見せた。すると女中たちの笑い声がしたという。その後も多くの墨絵を描き、十二時間後にようやく解放されたのだった。

帰途、親和は「あなたは唐絵を描くと聞いたが、日本画の人物や山水を大名の前で見事に描くとは見上げたもの」と驚き、二十年経ったら天下に名を成す人になるだろうと褒めた。このとき三十歳だったというから、このまま精進していれば宋画の大家になったはず。

しかしこれより前、江漢は進むべき道を変えつつあった。生涯に決定的な影響を与える人物と出会ったからだ。それが、発明の天才といわれた本草学（いまの薬学、博物学）者の平賀源内である。鈴木春信、宋紫石、唐橋世済の三名は、いずれも源内と知り合いだったから、このうちの一人を通じて源内と親しくなったのだろう。

平賀源内から西洋画を教わり衝撃を受ける

源内はエレキテルの復元で有名だが、長崎から西洋画を伝え、源内焼（陶器）や寒暖計、火浣布《かかんぷ》（燃えない布）などを珍奇な品を次々発明し、戯作や浄瑠璃作家としても名を成し、鉱山の開発にまでたずさわった。

江漢は、何でもそつなくこなしてしまう源内に、自分と同じ匂いを感じ、たちまち心酔したようだ。源内の秩父への鉱山調査の旅にも同行している。

やがて江漢は、源内から西洋画の素晴らしさを教えてもらう。家財道具を売り払って源内が手に入れた（実際は嘘で、オランダ商館長から寄贈された）ヨンストンスという博物学者の蘭書を直に見せてもらったのだ。

それは「世界中の生類を集めたる本にて、獅子、龍その他、日本人見ざるところの物を生き写ししたること、数限りなし」（『前掲書』）というもので、西洋画の写実性に衝撃を受けた江漢は、さっそく源内やその弟子・小田野直武から西洋画を学びはじめた。

以後、江漢は「西（洋）画の法に至りては濃淡をもって陰陽凹凸遠近深浅をなすものにて、その真情を模せり」「画中の品物ことごとく飛動するがごとし、これは西洋風にあらざれば能《あた》わざることなり」「和漢の画を見ればまことに小児の戯《たわむ》れ」であり「酒辺の一興」にすぎない。対して西洋画は「真に実用の技にして治術の具なり」（司馬江漢著『西洋画談』寛政十一年・一七九九）と確信し、洋画に専念するようになったのである。

まったく読めないオランダ語に苦心しつつ銅版画を創始

銅版画を創始するきっかけを与えてくれたのも源内だった。源内は若いときにオランダ人から銅版画数百枚を預り、これを販売しようと試みた。しかし当時はまったく売れず、その絵を返すことになってしまったと語り、銅版画の技法については、ボイスの蘭書に記されていると教えてくれた。

ここにおいて江漢は、己の力で銅版画を描いてみようと思い立ったのである。とはいえ、オランダ語はさっぱり読めない。そこで源内のつてをたどったのか、蘭学者の前野良沢に弟子入りしたが、まったく上達しない。そこで十歳年下の蘭学者・大槻玄沢に頼み込んで、ボイスの蘭書やショメールの『日用百科事典』を訳してもらい、苦心のすえ三十七歳の天明三年（一七八三）に銅版画「三囲景《みめぐりのけい》」を完成させたのである。

この銅版画は、単に眺めて喜ぶものではない。絵を水平に置き、四十五度ほどに傾けた鏡と凸レンズをもつのぞき眼鏡で鑑賞するのだ。こうすると絵が大きく見えるうえ、遠近法が際立ち、飛び出してくるような感覚を覚える。なんと眼鏡は江漢の自作だった。

いずれにせよ、江漢が自分でも「日本始めて創始するものなり」（『前掲書』）と豪語した銅板画は、大変な評判となったのである。

三囲景（神戸市立博物館所蔵）

奇人としても有名だった司馬江漢

発明品を見せびらかしたり、生き血を啜ってみせたり売名に熱心だった司馬江漢

もう少し、司馬江漢の話を続けたい。

じつはこの人、かなりの変人である。思考もけっこう偏っている。

若い頃の江漢は、壮年で妻をもつと精気が衰えると信じ、各地を遊歴して生涯独身を通そうとしたが、親族から「人道は妻子をもって子孫とし、これに差《たが》ふときは人道にあらず」(『春波楼筆記』)と説得され、仕方なくある後家《ごけ》(土田姓)の婿《むこ》となったのだ。

同書では、「世の中の人を善事に導き教へても、善人になる人は生まれながらに善心なり、悪人はどう教へても悪人なり、悪人がある故に善人も知らるゝなり」と公言する。このように、生まれつき善人か悪人かが決まっていて、いくら教育しても変わらないと江漢は信じていた。でもそうなると、学問や宗教は人間に不必要なものになってしまうだろう。

ともあれ、銅版画が江戸で大いに評判となったことに気を良くした江漢は、天明八年

（一七八八）に長崎へ向けて旅立った。絵の修業という名目だが、道中ではあちこちで銅版画を見せては人々を驚かせ、絵を売りながら旅をしている。しかも、長崎到着まで半年もかかっているので、ある意味、銅板画による売名が大きな目的だったと思われる。

江漢も平賀源内のように手先が器用で、エレキテルや温度計をつくり、さらにオルゴールやコーヒーミル、なんと補聴器まで製作して販売している。ただ、単なる商売っ気だけではなく、珍奇なものを見せて人々の目を引きたい気持ちが強かったのではないだろうか。

たとえば江漢は、足守藩《あしもり》（現在の岡山県岡山市）に数日間滞在したことがあった。寛政年間に江漢は足守藩の藩札を初めて銅版印刷しているので、この頃のことだったと思われる。いきなり藩主の木下利彪《としとら》に「鹿の生き血を啜《すす》らん」（『前掲書』）と願ったのである。

そこで利彪は、わざわざ狩りに出てようやく一匹の鹿を生け捕りにしてくれた。すると江漢は、「私は病弱だったこともあり、鹿の生き血は良薬だと聞いています。ただ、なかなか得がたいものでしたから」と言って、いきなりその「鹿の耳元を小づか（小刀）をもって衝《つ》き破り血を啜」（『前掲書』）ったのである。これを目の当たりにして「人々懼《おそ》れをなしける」とある。当然の反応だろう。

この行為はかなり、噂になったようだ。それについて江漢は「吾、生き血を呑みたる事を聞く者、鬼のごとく思ふも尤《もっとも》ぞかし」（『前掲書』）と自慢げに記している。なんとも趣味が悪い。このように他人の注目を集めたくて仕方のない性格だった。承認欲求が異常なほど強いのだ。

自分の死亡通知書を送る

さて、話を戻すが、一年後に長崎の旅から戻った江漢は、彼の地でオランダの科学に触れ、西洋の天文学に熱中するようになり、以後、地動説や天文に関する多くの図や本を発刊し始めた。

これが噂になり、熊谷（埼玉県熊谷市か）の六十歳近い農民がわざわざ江漢のところにやってきて、「先生のところに多くの星図があると聞きました。そうした星図に毎日水を捧げて祈れば、家が繁昌して災害を免れることができる。ぜひお譲りください」と頼んできている。江漢は「予、一笑して云、本意の図あり、与ふべし、拝するとも拝さずとも勝手次第なり、夫《それ》吉凶は星のあづかる所にあらず」（『前掲書』）と述べて、効果がないことを説明している。このあたりはいたって常識的な反応であろう。

文化五年（一八〇八）からは突然、年齢を詐称し始めた。年下に見せかけたのではなく、九歳も加算したのだ。中国では「九」は縁起が良く、「大悟」する数字とされたからだというが、本当の理由はよくわからない。

こんな性格だったから、銅版画についても自分が独力で研究したように喧伝《けんでん》し、一方でその技法は秘匿《ひとく》して他人に教えなかった。地動説などの学説も、まるで自分の専売特許のように吹聴し始めた。

このため、大槻玄沢をはじめとする蘭学者たちから敬遠されるようになる。こうして晩年は次第に孤立していったのだが、文化十年、さらに人々を驚かせることをやった。まだ生きているくせに、自分の死亡通知書を知人に送りつけたのである。

そこには、「江漢先生は老衰して絵を求める者がいても描かず、大名に召されても行かず、蘭学の研究や奇器をつくることも倦《う》み、ただ老荘のごとき世を楽しみ、ついに大悟して病死した」と記されていた。六十七歳のときのことだ。

なんとも馬鹿馬鹿しい行為だが、人間関係からの孤立もあって、人生に嫌気がさしたのではなかろうか。たとえば、江漢は『春波楼筆記』にこんなことを書いている。

「我、名利と云ふ大欲に奔走し、名を需《もと》め利を求め、この二つのものに迷ふ事数十年、今考ふるに、名ある者は身に少しの謬《あやま》ちある時は、其あやまちを世人忽《たちまち》に知る者多し、名のなき者誤ると雖《いえど》も知る者なし、是名を得たるの後悔今にして初めて知れり、愚なる事にあらずや、夫天地に限りなし、名千歳に残るといへど、十万歳に至るべからず」

このように名利を求めて必死に生きてきたものの、少しでも過ちを犯せば、名があるだけに周囲から激しく叩かれる。そんな人生が馬鹿らしくなり、この世から消えたいという思いが高じて、死亡通知書を知人に送付したのかもしれない。

ただ、当然のことだが、江漢は生きている。ずっと自宅に籠もって生活するのは不可能。当然、往来を歩く。だが、知人にしてみれば、死んだはずの江漢がピンピンしながら町を歩いているのは、驚き以外の何物でもない。だから江漢を見かけた知人が、恐る恐る声をかけた。しかし、江漢はこれを無視したのである。

怪しいと思った知人が後をつけると、やがて江漢は脱兎のごとく駆け出したのだ。さらにそれを知人が追いかけていくと、江漢は振り向いて「死人が話すはずがないだろう」と怒鳴りつけて走り去ったという。奇天烈な人である。

こうして江漢は、頓世《とんせい》者のような生活を送り、死亡通知書から五年後、七十二歳で世を去った。子供なんてもたないほうがよいと述べていることから、きっと親子は仲違いしていたと思われ、知人や親族も訪れない寂しい臨終だったと推察される。

第四章　科学調査が歴史を塗り替える。イメージが変わる市井生活

復顔された弥生人の意外な死因

弥生時代人の頭蓋骨のなかに「生の」脳が残っていた

二〇二一年十月、たまたま新聞で「青谷上寺地遺跡《あおやかみじちいせき》弥生時代人の復顔」というタイトルを見つけて、「たしかどこかで聞いたことがあるような……」と気になったが、その場では思い出せなかった。しかし翌年五月、鳥取県が復顔した弥生人のそっくりさんを公募し、多数の応募者のなかからＡＩ技術を用いてそっくり度を測定し、上位三人から審査員によってグランプリが選ばれたという報道を聞いて、唐突に記憶が蘇った。

「青谷上寺地遺跡」はちょうどその二十年前の二〇〇一年、私が現役の高校教師だったとき、教室で生徒に「ちょっと信じられないような事実がわかったんだ」と得意になって話した遺跡の名前だった。

青谷上寺地遺跡（鳥取県鳥取市青谷町）は弥生時代前期から古墳時代にかけての複合遺跡だが、ここで発見された弥生時代人の頭蓋骨のなかに脳が残っていることが判明したのだ。しかも風化したり乾燥してミイラ化したものではなくて、神経繊維などの脳組織がきちんと残っており、当時、極めて保存状態の良い生の脳だということが報道された。しかも脳が残存していたのは、一体ではなく三体。時期にするとおよそ千八百年前のものと推定された。

いったいなぜそんな長い間、人間の脳が土のなかに存在し続けたのか。

それは、人骨が発見された場所が最高の保存条件を満たしていたからだった。

この三体の骨は幅約八メートル、長さ約十五メートルの溝跡から出てきたのだが、そこは水分を多分に含む粘土質の土壌になっていた。このため空気中の酸素が遮断され、有機物を分解するバクテリアが活動できなかったのである。簡単にいえば真空パックされた状態になっていたわけだ。日本国内で千八百年前の人間の脳が発掘されたのは前代未聞のことであり、世界的にも極めて希有《けう》な例だ（現在、わずか六例ほどしかないという）。

こうしたことを二十年前に得々と生徒に語ったことを思い出した。

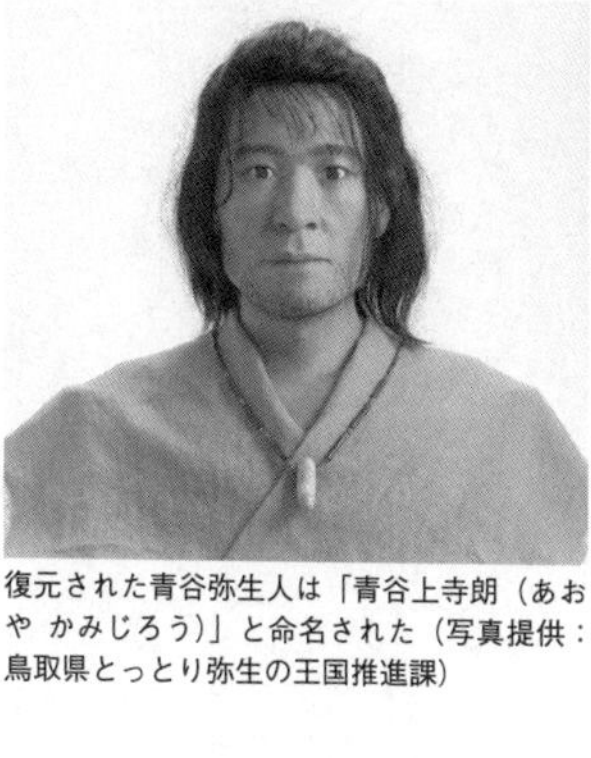

復元された青谷弥生人は「青谷上寺朗（あおや かみじろう）」と命名された（写真提供：鳥取県とっとり弥生の王国推進課）

なお、脳からＤＮＡを採取することができれば、通常の人骨から判明する以上の遺伝子情報を得ることができ、弥生人のルーツやその形質、病気などの解明につながる可能性があると思われたが、残念ながら発見から二年後、ＤＮＡは採取できなかったと発表された。

百九体もの人骨を発見

ともあれ、この遺跡の人骨を復顔したことがメディアで話題になったので、少しネットで調べてみたら、その顔は驚くほどリアルで、生きているように思えた。しかも、顔のモデルは、生の脳をもつ頭蓋骨のうち一体だというではないか。そんなことで興味を持ち、そもそも青谷上寺地遺跡とはどんなものなのかを改めて調べてみた。

冒頭で述べたように、この遺跡は縄文時代から平安時代にまでの遺物が出土している。ただ、群を抜いて多いのは弥生時代（とくに二世紀半ば）の人骨である。

『とっとり弥生の王国　2021 Autumn　特集　続・倭人の真実』（鳥取県）によると、遺跡の弥生時代後期の溝状遺構（三体の脳が入った頭蓋骨が発掘された場所）には、五千三百二十三点もの人骨が散乱しており、少なくても溝には百九体もの人間が埋まっていたことが判明している。

ただ、なぜこれらの人骨が散乱していたかについては諸説あったが、近年、次第にその真相がわかってきた。研究者の濱田竜彦氏（「青谷上寺地遺跡出土人骨の時代背景」『前掲書』所収）によれば、他の場所にあった人骨が大雨による洪水などで溝に流れ込んできたとは考えにくいという。

また、大量の遺体が放置され白骨化するなかで、肉食哺乳類の餌になって骨が散乱する可能性はあるが、もしそうであれば、骨に動物の咬み跡が残るが、遺跡の人骨群にはそれがないそうだ。

さらに、埋葬された遺体が何らかの理由で掘り起こされたり攪乱を受けた可能性もあるが、近年の調査の結果、「同一個体の骨が広範囲が広範囲に散らばるほど掻き乱されているようにみえないことが分かった」という。

国立科学博物館長の篠田謙一氏（「青谷上寺地遺跡出土人骨から何が見えてきたのか」『前掲書』所収）によれば、発見された人骨は狭いところに集中しているうえ、かなりの骨に殺傷痕があり、二十九体の頭蓋骨のうち十三体が焼かれており、ほか十四体も焼成の可能性が高いという。ただ、大腿骨や脛骨《けいこつ》などには焼成の痕跡が少ないことから、篠田氏は「頭部を選択的に焼いていた可能性が高い」「頭部が離断された後に焼かれた可能性を示唆《しさ》している」と述べている。

大量の人骨は虐殺現場跡か

以前から青谷上寺地遺跡出土の人骨には、多くの創傷があることがわかっていたが、近年の再調査により「頭部への損傷が新たに6例に認められ」「このうち4例は鋭利な利器が頭蓋に刺さることで形成されたものだったが、残りの2例は薄く細い刃による引っ掻き傷であった」という。さらに「四肢骨には戦闘などによる損傷も認められるが、同時に解体痕も見つかっており、出土人骨は戦闘の被害者だけではなかった可能性がある」（『前掲書』）

こうした結果をふまえると、青谷上寺地遺跡に住んでいた人々は、大人数の敵に襲撃されたと考えるのが妥当だろう。このときある者は戦って亡くなり、ある者は捕まって殺された。その後、遺体は首を落とされてまとめて焼かれ、身体はバラバラに解体され、そのうえで遺体はみな溝に投げ捨てられて土をかぶせられた。つまり青谷上寺地遺跡は、弥生時代の戦争及び大量虐殺の現場だったのである。

『後漢書』「東夷伝」には、「桓・霊の間、倭国《わこく》大いに乱れ、更々《こもごも》相攻伐し、歴年主《あるじ》なし」

と記されように、日本国内は桓帝から霊帝の時代（在位一四六年〜一八九年）にかけて、倭国大乱と呼ばれる戦乱の時代が続いたとされている。この青谷上寺地遺跡の散乱人骨群は、その痕跡ではなかったかという研究者もいる。

一方、先の濱田氏は、「人骨の全てを争いの犠牲者とみなすのは早計である。結核などの病気の痕跡をとどめる人骨もあるし、受傷した人骨も全推定個体数の1割弱に過ぎないからだ」と慎重な意見を述べている。

ミトコンドリアDNA解析からわかったこと

さて、近年はDNAの分析法が非常に進歩しており、篠田氏によれば「ミトコンドリアのDNAしか解析できなかった古人骨でも、膨大な情報を持つ核のDNA（核ゲノム）の解析が可能になっている」（「青谷上寺地遺跡出土人骨から何が見えてきたのか」）そうで、今回、臼歯《きゅうし》や側頭骨片から採った三十二個体のサンプルを解析してミトコンドリアDNA（母系をたどることが可能）の全配列と核のDNAを解読した。

結果わかったのは、母系を渡来人系、父系を縄文人系とする人々が多いことと、三十二人のうち母系の血縁関係がある可能性があるのは四体のみで、「約9割の人々の間には母系の血縁が認められなかった」（『前掲書』）そうだ。「ヒトの流入が少ない長く続いた村落では、同族の婚姻が増えることで、やがて構成するミトコンドリアＤＮＡのタイプは少なくなるのが一般的である。青谷では、ほとんどの人々の間に母系の血縁がないことは、古代の一般的な村落のイメージとは異なる集団」（『前掲書』）だと篠田氏は述べる。

これをいったいどう考えるかということだが、濱田氏はミトコンドリアＤＮＡは「外部からたくさんの人が流入する都市部の集団では多様になる」ので、青谷上寺地遺跡が「弥生時代の交易拠点だった」（「青谷上寺地遺跡出土人骨の時代背景」）可能性を指摘している。

ＤＮＡ解析で、こうしたことまでわかるようになっているのである。

今回、青谷上寺地遺跡で復顔された人骨は、脳が残存していた第八頭蓋で、熟年男性と推定されるものだ。復顔は国立科学博物館の坂上和弘氏の監修のもと、京都芸術大学文明哲学研究所の戸坂明日香氏によって制作された。

前掲の『とっとり弥生の王国』によると、その手順としては、「①頭蓋骨のレプリカを組み立てる。②骨の欠けた部分を補い、骨に貼り付ける粘土の厚みを示した棒を取り付ける。③粘土で咀嚼《そしゃく》筋をつくる。④眼球をはめ込み、表情筋をつくる。⑤皮膚をつくる。⑥粘土原型の完成。⑦粘土は長期間保存できないため、プラスチック（ＦＲＰ）に置換する。

粘土原型をシリコンで型取って雌型をつくり、雌型にプラスチックの材料を流し込んで成形。⑧プラスチック製模型に着色、植毛して完成」となる。

なお、復顔人物の髪の毛は黒くて太いが、これはDNA解析の成果を基にしたものだ。

縄文人女性や伊達政宗の復顔も

近年、こうした復顔技術が非常に発達している。

二〇一八年には、国立科学博物館などの研究チームが船泊《ふなどまり》遺跡（北海道・礼文島《れぶんとう》）で出土した約三千八百年前の縄文人（女性で四～五十歳代）の復顔をおこなったが、顔にはシミが多く、色黒で髪の毛は縮れており、瞳は茶色だった。DNAを解析してそうした事実が判明したからである。お酒にも強いことがわかった。

なお、復顔が公表されると、芸能人の北野武さんに似ていると話題になった。

二〇二一年には、戦国大名で仙台藩祖の伊達政宗の復顔プロジェクトがNHKと伊達家の共同企画、

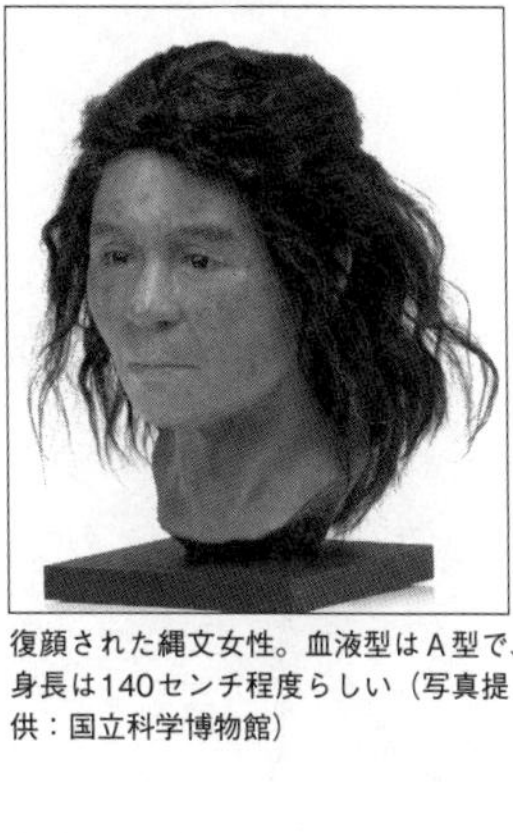
復顔された縄文女性。血液型はA型で、身長は140センチ程度らしい（写真提供：国立科学博物館）

瑞鳳殿《ずいほうでん》資料館協力のもとで始まり、青谷上寺地遺跡の復顔を担当した坂上和弘氏の監修、戸坂明日香氏の制作によって復元されている。

瑞鳳殿が所蔵する政宗の頭蓋骨レプリカをCTスキャンで分析して制作されたが、このとき右目の眼窩《がんか》が左目より二ミリほど小さいことがわかった。これまで眼窩には異常はないとされてきたが、やはり子供の頃に右目を失明したことで、骨の発育に影響があったことがわかったのである。

伊達政宗の復顔模型は、NHKの『歴史探偵』のスタジオにも登場したので、現場にいた私も間近で見ることができ、そのリアルさに驚いた。

二〇二三年一月、そんな『歴史探偵』で前年の歴史ニュースを取り上げることになったので、ぜひスタッフに青谷上寺地遺跡の弥生人を呼びたいとお願いした結果、それが実現することになった。

さて、青谷上寺地遺跡の三つの脳であるが、

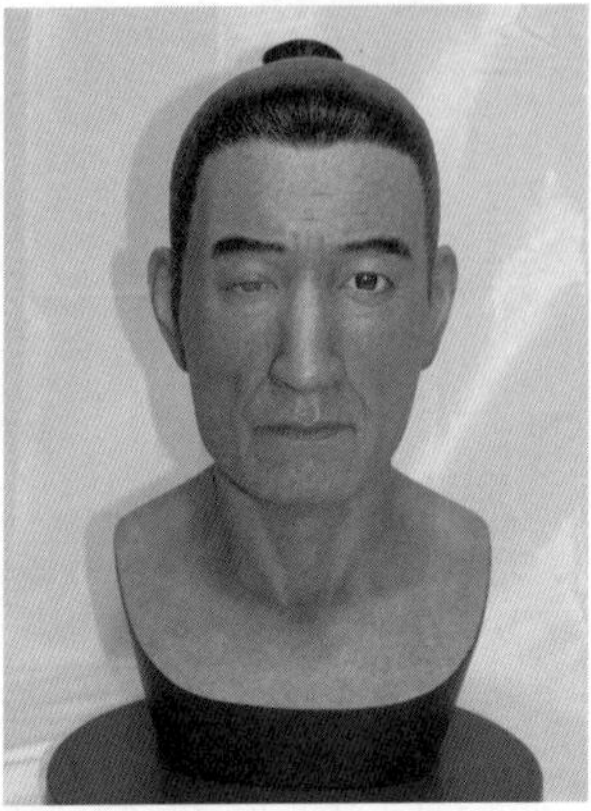

復顔された伊達政宗（写真提供：公益財団法人瑞鳳殿）

なんといまも保存液に浸《ひた》された状態でしっかりと保存されているのだ。ＤＮＡが検出できなかったではないかと思うかもしれないが、科学技術が発達するであろう将来、この脳から何らかの情報を引き出せる可能性があると考えているのだそうだ。遺物をしっかり保管し、謎の解明を未来に託すという研究者の姿勢は素晴らしいと思う。

デンプン、スゴいぞ！

古墳時代人の歯石からデンプンを検出

デンプンとは、植物が光合成によって体の内部に蓄えた炭水化物のことだが、デンプンと聞くと、私は昔、理科の実験でジャガイモにヨウ素液を垂らして色が変わったことを思い出す。というか、逆にそれしか印象に残っていない。

しかしこのデンプン、じつは近年、歴史の解明に大きく役立っているのだ。

二〇二二年六月、岡山大学は次のようにプレス発表した。

「古代人の歯石を分析し、当時の食物に由来するデンプンの粒を検出しました。粒の特徴から岡山県の古墳時代の人々が「炊いたコメ」を主食としていた可能性が示唆されました」

（岡山大学ホームページより）

もう少し詳しく記すと、岡山大学大学院社会文化科学研究科の岩本紗采さんと同大文明動態学研究所の鈴木真太郎教授は、古墳時代の人骨二体の歯についた歯石を特殊な顕微鏡で分析し、デンプンの粒を見つけ出すことに成功したのだ。

デンプンの粒は植物によってすべて異なるだけでなく、調理方法でも変化を起こすのだそうだ。今回、古墳時代人の歯石から採ったデンプンを分析したところ、米が水のある状態で加熱された特徴が見てとれたというのだ。これは、「様々な研究と比較検討すると、「炊き上げによる炊飯」に由来する可能性が最も高い特徴」（同前）だと推論したのである。

こうしたデンプン粒の研究だが、これまでは土器に残存しているデンプン粒を分析し、人々がどんなものを土器で料理して食べていたかが明らかにされているが、歯石の残存デンプン粒の研究は、国内ではほとんど成功例がなく、画期的なことだといわれている。

デンプンの分析で、紙の来歴がわかる

デンプンが歴史の解明に役立つことを知って、「デンプン、スゴいぞ！」と思った方がいるかもしれないが、それだけではない。

じつは「古文書を顕微鏡で観察して、紙に含まれるでんぷんなどを分析することで、用いられた紙の来歴をたどる研究が、東京大史料編纂《へんさん》所で進んでいる」（「読売新聞」二〇二三年一月二十一日夕刊）のである。

昔は紙（和紙）をつくるさい、米粉などのデンプン質のものを混ぜることがあり、「古文書の紙に含まれるでんぷんの種類や量を分析することで、紙の来歴を知る手がかりになる」（「前掲紙」）そうだ。

今回、分析したのは、東京大学史料編纂所が所有する明治天皇が三条実美《さんじょうさねとみ》に宛てた手紙。包み紙（封筒）と本紙を分析すると、「よく似たイネのでんぷん粒が含まれていたことなどから、一枚の紙を裁断して本紙と包み紙を作ったとわかった」（「前掲紙」）のだ。

この分析を手がけた渋谷綾子特任助教は、「古文書を読むことができなくても、文字と違う形で歴史を引き出せる可能性がある」（「前掲紙」）と語っている。この東大史料編纂所では、織田信長の朱印状などの分析もおこなっている。

このように考古学や歴史学に科学的な技術を導入することで、新たな研究の進展や発展が多く見られるようになってきた。

レーザー測量やX線で新たな大発見も

とくに話題を呼んでいるのが赤色立体地図であろう。二〇〇二年にアジア航測の千葉達朗氏が考案したもので、航空レーザー測量のデータを用いて作成する特殊な立体的地図のことだ。

航空レーザー測量の利点は、森や林があっても正確な地形がわかることである。だから森に覆われた古墳や城跡が容易に発見できる。たとえば二〇二〇年には、ＮＨＫが関ヶ原全域の赤色立体地図を作成し、巨大な山城遺構（玉城）と思われるものが発見された。奈良大学教授の千田嘉博氏は、この城は総大将の毛利輝元や豊臣秀頼を入城させるため西軍が構築したと推論している。まさに歴史を変えるかもしれない大発見だ。

ちなみに国土交通省・国土地理院のホームページで、日本各地の赤色立体地図を公開しているから、ぜひご覧いただければと思う。もしかすると、地図を眺めているうち、あなたも意外な場所に遺跡や城跡を発見することがあるかもしれない。

昔からある非破壊のX線分析も技術が飛躍的に進んでいる。なんと近年は持ち運び可能な蛍光X線分析システム装置もあるそうだ。破壊することなく、遺物の組成や構造を明らかにすることができるのが、このX線分析の大きな利点といえる。

二〇二二年六月には、熊本大学と北海道大学の研究チームが縄文末期の江辻《えつじ》遺跡（福岡県糟屋郡粕屋町）の土器約一万点をX線分析し、稲や粟《あわ》など穀物の実が多く土器の中に練り込まれていたことを確認した。

定説では、稲や粟などの栽培は、弥生時代初期に始まったと考えられていた。

しかし今回の土器から取り出した実を放射性炭素年代測定法で調べてみたところ、意外なことが判明したのだ。ちなみに放射性炭素は、生物が死ぬと減り続けていくので、その量を分析することで、年代がわかるのだ。

測定の結果、稲や粟などの栽培はこれまでいわれていた弥生時代初期より、年代が約五十年から八十年さかのぼることがわかった。

熊本大学大学院の小畑弘己教授と北海道大学大学院文学研究院の國木田大准教授は、縄文末期に稲や粟が日本に渡来していたという研究結果を論文にして英国の考古科学雑誌『Journal of Archaeological Science』に発表している。小畑教授はまた、「縄文末期に北部九州の人々が朝鮮半島の人々と接触して穀物を入手し、小規模ながら栽培していたとみられる」(「東京新聞」二〇二二年六月十日夕刊)と語っている。

日本最古かもしれなかった文字は油性ペンのインクだった

最後にもう一つ、科学技術が明らかにした歴史の成果を紹介しよう。

田和山《たわやま》遺跡(島根県松江市)から一九九七年に出土した弥生中期の石製品は硯《すずり》だと考

えられており、その裏面に黒い線があったことから、福岡市埋蔵文化財センターの久住猛雄文化財主事は、これを「子」と「戊」ではないかと推論、日本最古の文字の可能性を指摘した。

ところが二〇二二年、ラマン分光分析によってこの硯を調査した奈良県立橿原考古学研究所の岡見知紀主任研究員らは、この黒い線は文字ではなく、油性ペンのインクだと結論づけたのである。ラマン分光分析とは、一言でいうと、遺物に光を照射して発生する散乱と呼ばれる現象を分析して組成を調べるものだ。

いずれにせよ、何らかの原因で、うっかり硯にインクがついてしまったのかもしれないが、これも科学が進んだおかげでわかった過ちといえるだろう。

以上見てきたように、考古学や歴史学の世界では、科学技術の力が大いに役立っているのである。

人魚のミイラの正体がわかった日

江戸時代にエジプトからミイラを輸入していた日本

二〇二三年二月、名古屋のテレビ局・CBCの『ゴゴスマ』というワイドショーから電話取材を受けた。人魚のミイラについて話してほしいというのだ。

じつは前日、倉敷芸術科学大学の加藤敬史教授を中心とする研究チームが、圓珠院（岡山県浅口市）所蔵の人魚のミイラを調査・分析した、研究最終報告をプレス発表していた。江戸時代の人魚に科学のメスが入るのは、初めてのことであった。そこで『ゴゴスマ』がこのニュースを取り上げ、私にコメントを求めてきたのだ。

取材の依頼は当日、しかも本番の数時間前のことだった。私としては不確かなことは言えないので、通常こうした取材はお断りするのだが、たまたま人魚のミイラについて知識があったので、お引き受けすることとした。

江戸時代、人々がエジプトのミイラを輸入し、それを薬として食べていたことを書いたことがあった（興味がある方は拙著『禁断の江戸史』（扶桑社新書）をご覧いただきたい）が、その調査の過程で、日本では人魚のミイラを製作して見世物にしていたことを知っていた。

日本初「人魚のミイラ」の調査結果

では、倉敷芸術科学大学による日本初の人魚の調査結果はどうだったのか。そのあたりを、倉敷芸術科学大学のホームページに載る最終報告書を参考に解説していこう。

調査プロジェクトは、二〇二二年二月から始まった。人魚のミイラの素材や歴史的な背景を調べることを目的に、プロジェクトチームは表面観察やX線・CT撮影をおこなった。また、剝落した微物についても光学顕微鏡や電子顕微鏡で観察、さらに蛍光X線分析やDNA分析、放射性炭素年代測定を実施したのである。

まずは表面観察のみで、以下のことが判明した。

圓珠院のミイラは、上半身に眼窩《がんか》、頭髪、眉、耳、鼻、

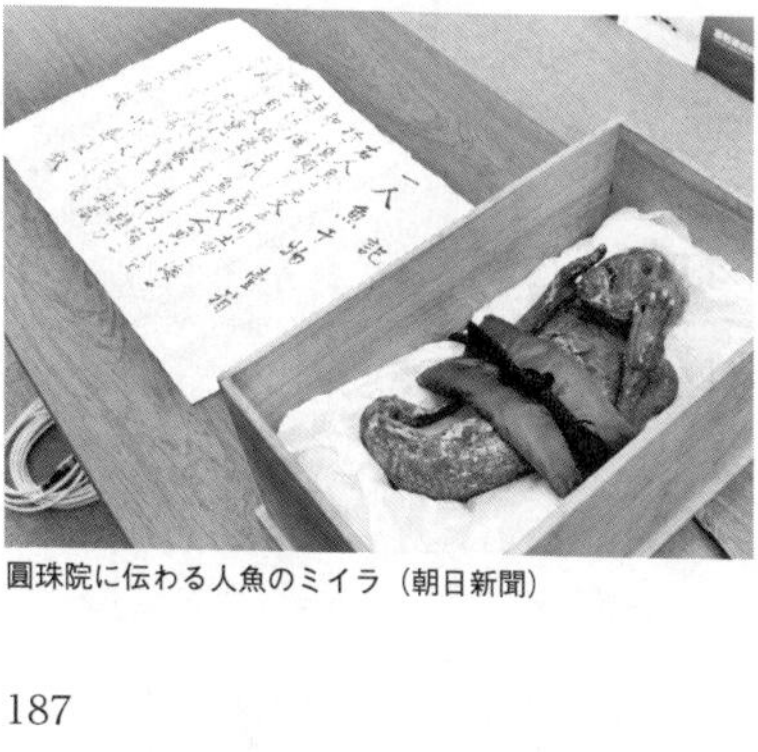

圓珠院に伝わる人魚のミイラ（朝日新聞）

五本指の手と腕があり、頭と眼の上、口まわりには毛が生えている。つまり人間と同じである。ただ、歯は曲がった円錐《えんすい》形をしており、肉食性の魚類のそれだと推測された。下半身には足がなく魚形をしており、背ビレ、腹ビレ、臀ビレ、尾ビレなどがついていて、全体はウロコに覆われていた。体の表面には、木炭と砂を混ぜた膠《にかわ》様のものが塗られている。

続いて、X線やCT撮影で以下のことがわかった。

上顎《あご》と下顎以外に骨格はなかった。頭蓋骨も脊椎《せきつい》骨（ヒレの付け根の骨）も肋骨もない。ただ、ヒレには鰭条《きじょう》（筋状になっているところ）とその担鰭《たんき》骨が残されており、ウロコなどの形態からニベ科魚類の特徴を有することがわかった。

表面観察では頭部はサルを連想させたが、X線やCT検査の結果、頭蓋骨は存在せず、完全に造形されたものであったことが判明した。しかも体の内部には、木や金属の芯材は使用されておらず、布、紙、綿などが詰め込まれていただけだった。頭部も主に綿からなり、部分的に漆喰《しっくい》あるいは石膏《せっこう》様の物質で整形してあった。また、上半身の体表は薄い紙を積層して整えられ、フグの表皮と動物の毛が接着してあった。

体毛は哺乳類の毛であり、キューティクルが観察できた。爪には動物の角質が使われていた。ただ、特別な防腐処理は施されていないこともわかった。

残念ながらミイラからはＤＮＡは検出できなかった。人魚のミイラのウロコを放射性炭素年代測定法で計測したところ、一八〇〇年代後半の可能性が高いことが判明した。

なお、人魚のミイラには書付があり、そこにこのミイラの来歴が記されていた。

それによると、「人魚は『元文年間（１７３６（元文元）年～１７４０（元文５）年（徳川吉宗の治世で享保のあと）に、高知（土州）沖で漁網にかかったものが漁師によって、大阪に運ばれ、販売されていたものを、備后（備後）福山の小島直叙氏の先祖が買い求め、以後、小島家の家宝とした。明治36（１９０６）年11月に小島氏から小森豊治郎氏に売り渡した』」（同大ホームページ）というものだった。

これをもとに文献などの調査もおこなわれたが、具体的な人名などについて確証のある情報は得られなかったという。

以上が大学のホームページを参考に私がまとめた最終報告書の概要である。

「人魚＝猿＋魚」と思われていた通説が覆った

今回の調査では、これまでの通説を覆《くつがえ》した大きな成果があった。以前からこうした人魚のミイラが本物でないことはわかっていたが、これまでは猿の頭に大型の魚、たとえば鮭や鯉などをくっつけて造形したものだと考えられていた。

ところが科学分析で調べてみると、骨格など存在しなかったのである。しかも土台に木や金属は使われておらず、紙や漆喰などを重ねて人魚の姿をつくり、その体内に布や紙、綿などを詰め込み、表面にフグの皮や哺乳類の毛を貼りつけていたことが判明した。

現在、日本には人魚のミイラが十数体確認されており、すべてが同じように製作されたかどうかはわからないものの、これは通説を覆す新しい発見だといえる。

それにしても、なぜこのような奇怪なものをつくったのだろうか。

これについて研究者の田辺悟氏は、当初「『人魚のミイラ』は、民間において信仰の対象となっていたこともあり、秘仏と同様に秘蔵されてきた例も多い。しかし、幕末期になると、しだいに信仰の対象という枠をはずれ、世にも不思議な生き物、あるいは、『めったにお目にかかれない、めずらしい生き物のミイラ』としての地位を確保するに至った」と述べ、「『見世物』として、幸か不幸か商売道具のひとつとして興行師の手に渡ったものも多い」(『ものと人間の文化史143・人魚』財団法人法政大学出版局、二〇〇八年)と述べている。

つまり人魚のミイラは、町中の見世物小屋で公開されたり、地方巡業の出し物になったのだ。

海外にも多数輸出された日本産ミイラ

人魚のミイラは、オランダのライデン国立民族学博物館に複数体、ロンドンのホーニマン博物館には一体所蔵されているが、とくに前者に所蔵されているものはオランダ商館長のブロンホフが入手したことがわかっている。有名なシーボルトも人魚のミイラを持ち帰ったとされる。

さらに興味深いことに、同博物館には鬼やカッパ、ろくろ首、双龍、一角獣などの妖怪や伝説の動物のミイラも存在する。

どうやら江戸時代の日本では、人魚のミイラなどをはじめとして、さまざまなミイラをつくる職人集団がおり、興味をもったオランダ人などがそれらを買い上げていたようだ。

なお、意外なことに、明治時代になってもミイラ製造は続いていたようで、先の田辺氏は「湯本豪一氏によると、明治三十二年（一八九九）八月九日の「新愛知」という新聞に、日本からイギリスに人造『人魚』が数多く輸出されて、最初は好事家《こうずか》によろこばれていたが、次第にありふれるようになって値段も下がり、今では骨董店にさらし置かれている」と湯本氏の研究を紹介している。このように明治時代になると、人魚のミイラは輸出品として人気だったことがわかる。

今回の人魚ミイラの調査でも、年代測定の結果が一八〇〇年代後半と出ているので、書付の元文年間よりも百数十年も新しいことがわかり、ひょっとしたら明治時代に製作されたものかもしれない。

ところで、こうした国内に現存する人魚のミイラの多くは、寺社と博物館が所蔵している。おそらく、見世物として必要なくなったものの棄《す》てるには忍びなく、興行主が寺社に納めて供養を依頼したり、あるいは、好事家や金持ちが縁起物や珍品として購入したものの、その子孫が持て余し、寺社に奉納したのではなかろうか。

先の倉敷芸術科学大学の研究チームの報告書によれば、これまで確認できていた人魚のミイラは十二体だったが、今回の圓珠院の人魚で十三体目、岡山県内でさらに二体が確認されたとする。今後も旧家や寺社から見つかる可能性は高い。

人魚の効能は凶事や災難避け、寿命の延伸

ところで、人魚のミイラだけでなく、人魚に出現を伝える瓦版《かわらばん》も数多く現存する。私

が教鞭をとる早稲田大学の図書館にも、そうした一枚が所蔵されている。ただ、西洋の人魚のように美しくない。髪の毛が長く女性のように見えるが、頭に二本の角が生えており、顔だけが人間で身体はすべて魚で、手もない。いわゆる人面魚である。

瓦版の文章を読むと、「この人魚は、越中国放生淵四方浦で漁船を悩ましていたので、鉄砲四百五十挺で討ち取った」と書かれている。もちろん、フェイクニュースである。続いて人魚の頭や身体の大きさ、髪の毛の長さが記され、腹に三つ目があり、二本の角は金色で、下腹が赤く、尾は鯉のようだとある。しかも鳴き声は一里離れていてもよく聞こえるという。さらに、ひとたびこの人魚を見たものは、寿命が延び、悪事や災難を逃れ、一生幸せになると書かれている。

瓦版の人魚とよく似た人魚の図。『街談文々集要』の二巻に収められている「富山で怪魚が捕まった」という記事（国立公文書館所蔵）

このように、江戸時代の人々は人魚の効能が凶事や災難避け、寿命の延伸だと考えていたことがわかる。

倉敷芸術科学大学の研究チームによると、人魚のミイラのポーズについて、ムンクの叫びのような姿勢のものと、腹ばい型の姿勢のものが確認されたそうだが、悲痛な叫び声を上げている不幸顔の人魚を所有すると、その人の苦しみはすべて人魚が代わってくれるという言い伝えもある。

また、先の田辺氏は、煙草を吸いながら水槽を泳ぐ人魚を展示した江戸時代の記録を紹介している。もちろん人間が下半身にヒレをつけ、人魚のコスプレをしているだけだと思われるが、その人魚が吸った煙管で煙草を吸うと百年長生きすると宣伝している。

『日本書紀』にも登場する人魚らしき記述

じつは人魚を食べると長生きするという伝説は、若狭国《わかさのくに》（現在の福井県）など北陸地方を中心に日本全国に散在する。初めて日本で人魚らしきものが確認されるのは、『日本書紀』の推古朝の記述である。近江国《おうみのくに》（滋賀県）の蒲生河《がもうがわ》に人のようなものがあったとか、摂津国《せっつのくに》（大阪府北中部の大半、兵庫県南東部）の猟師が網を堀江に沈めると、子供のような形をした生き物がかかったが、魚でもなく人でもないとある。

初めて「人魚」という言葉が登場するのは、平安末期に成立した分類体漢和対照辞書である『和名類聚鈔《わみょうるいじゅしょう》』（源順《したごう》編著）だ。人魚の項目には、「魚身人面者也」とあり、『山海経《せんがいきょう》』（漢代の地理書）によれば、小児のような声で啼《な》く」とある。鎌倉時代に入っても、人魚の記録は『吾妻鏡』や『古今著聞集《ちょもんじゅう》』などに登場する。また、人魚の肉を食べて長生きしたという八百比丘尼《やおびくに》の伝承が形成され、室町時代には諸記録に登場するようになる。

九頭見和夫《くずみかずお》氏は、江戸時代初期の林羅山著『本朝神社考』に載る人魚の肉を食べ長生きした比丘尼伝説を次のように紹介している。

「白比丘尼がまだ子供の頃のことである。父親が山中で出会ったこの世の人とも異なる人から人魚の肉をもらって家に帰り、衣服を着替える時に袖の中から出てきた人魚の肉を白比丘尼が食べ、四百年生存した」（『日本の「人魚」像──『日本書紀』からヨーロッパの「人魚」像の受容まで』和泉書院、二〇一二年）

各地の伝承では四百年ではなく八百年が多い。いずれにしても長生きした彼女は、「親族故旧の顔も見えなくなったのに、自分の姿のみが昔のまま若々としているので、娘は大いに恥じた。遂に浮世を厭って髪を剃って比丘尼となり、諸国遍歴の旅を重ねて終《つい》に若狭の国に辿りついた。その時は齢《よわい》八百を数えていたが、それでも尚死なぬので、生きながら洞窟の中に入って姿を没したという」（『前掲書』）

江戸時代の中期になってくると、蘭書などヨーロッパの知識が日本に入り、蘭学者などが編纂した本に新たな人魚の効能が登場するようになる。先の九頭見氏によれば、寺島良安の『和漢三才図会《ずえ》』、後藤梨春の『紅毛談』、新井白石の『外国之事調書』、大槻玄沢の『六物新志』などには、止血剤、解毒剤、疱瘡《ほうそう》（天然痘《とう》）の治癒などに人魚の骨や肉が効果があると記されるようになっていったとする。

江戸時代から物語のモチーフにも多数登場

人魚は文学作品にも多く取り入れられている。有名なところでは、井原西鶴や山東京伝、曲亭（滝沢）馬琴がいる。

井原西鶴の「命とらるる人魚の海」（『武道伝来記』所収）は、父親が海岸で人魚を見つけて射止めたが、それを信じてもらえず侮辱された。そこで人魚の屍体を探すが見つからずに病死してしまう。その娘が父を愚弄《ぐろう》した男に仇討ちを果たすという物語だ。

山東京伝の『箱入娘面屋人魚《はこいりむすめめんやにんぎょ》』は、はちゃめちゃなSFだ。九頭見和夫氏の前掲書を参考に、簡単なあらすじを記そう。

竜宮城で乙姫の愛人になっていた浦島太郎は、お鯉という娘（魚）と不倫をした結果、子供が生まれる。しかも生まれた娘は人魚の姿をしていた。これが乙姫の父親に知られるとまずいので、なんと浦島太郎は我が子（人魚）を棄ててしまうのである。

あるとき平次という男が舟釣りをしていると、舟にいきなり人魚が飛び込んできた。そう、浦島太郎に捨てられた子である。驚いた平次だが、人魚がかわいい顔をしていたので自分の家に連れ帰り、手足をつくって人間に見せかけ、妻とした。だが、平次の生活は苦しく、それを憐《あわ》れんだ人魚は自ら遊女（花魁《おいらん》）に身売りしたのである。けれど彼女は生臭くて気持ちが悪いので、しばらくすると遊女屋は平次のもとへ送り返してしまう。

やがて平次は、人魚をなめると長生きすることを他人から聞かされた。そこで「人魚御なめ所」という看板を出し、妻をなめさせる商売を始めたところ、これが大繁盛となった。ただ、平次も妻をなめすぎたため、なんと七歳の子供に若返ってしまった。そんな窮地に人魚の父である浦島太郎が現れ、玉手箱を開けてくれ、その煙を吸って平次はほどよい青年に戻った。さらに人魚のほうもひと皮むけて足が現れ、本当の人間になった。平次は人魚の抜け殻《がら》を薬と称して薬屋に売って大金をせしめ、夫婦で仲良く暮らしたという。

人魚のミイラ調査からずいぶんと話は広がっていったが、日本人は古代から人魚と慣れ親しんできたことがわかっていただけたと思う。

髪結の亭主が楽な生活ができたとは本当か？

江戸時代の女髪結は儲からなかった

「髪結《かみゆい》の亭主」という言葉がある。髪結は稼ぎが多いので、妻にすると夫は仕事をしなくてよい。そんなことから「妻の働きで養われている夫をたとえていう語」（『精選版 日本国語大辞典』小学館）である。

ちなみに、日本の女性がみな髪を結うようになったのは、江戸時代に入ってからのことである。それまでは垂髪《すいはつ》が一般的だった。江戸時代の女性は当初、自分で結髪したり、友人や知人で結い合ったりしていたが、次第に金を出して他人の手でオシャレな髪型にしてもらうようになった。こうして職業としての女髪結が成立してくるわけだ。

では、「髪結の亭主」はホントに遊んでくらしていたのだろうか。

これについては拙著『禁断の江戸史』（扶桑社新書）で詳しく述べているので、ぜひこちらを読んでいただきたい。簡単にいえば、江戸時代の女髪結はそんなに儲からなかった。髪を結う代金は、いまの金額に換算して二百五十円から五百円程度。これではとても楽な生活など望めない。

しかも、寛政の改革や天保の改革では女髪結は禁止され、違反すると敲《たたき》や牢入という厳しい処罰が科せられた。また、髪を結ってもらった客も処罰された。

でも、こうした処罰や摘発をおこなっても、一向に女髪結は姿を消さなかった。幕末の嘉永六年（一八五三）には江戸に千四百人あまりもいたことがわかっている。やはりいつの時代でも、人はオシャレをしたいのだろう。

儲からなかった時代の女髪結（喜多川歌麿画）

女髪結が儲かるといわれ始めたのは明治三十年代

さて、そんな女髪結の生活が変化するのは、明治時代のことである。

女髪結は、主に芸者たちを客として髪を美しく結うようになる。明治政府の顕官《けんかん》や実業界の重鎮の多くは、花柳界出身の女性を妻や妾《めかけ》とした。そうしたこともあり、上流階級や華族の子女も髪結に整髪を任せるようになる。すると、その稼ぎは江戸時代とは比較にならぬほど増え、稼ぎは男性に匹敵するほどになったのである。

たとえば明治三十年（一八九七）に出版された『婦人職業案内』（林恕哉著、文学同志会）を紐解くと、「女髪結ひ」という項目があり、そこには彼女たちには一日二十銭から三十銭の稼ぎがあると記されている。なかでも花柳界に出入りする女髪結はさらに多く稼ぎ、「婦人の職業《しごと》として相当に生活《くらし》の道を立つるもの多し」とある。

当時の一銭の価値だが、なかなか現在の価値に換算するのは難しい。ちなみに木村屋のあんパンが一個一銭だった。現在は二百円程度だ。また、そば・うどんが同じく一銭から一・二銭だった。こちらは現在は三百〜四百円程度。ここから換算すると、一日三十銭稼ぐとすると六千円から一万円程度になるだろう。まあ、それほど高給取りとはいえないが、自活するのは十分可能な収入だ。

ところがそれから三年後に発刊された『如何にして生活すべき乎《か》』（開拓社編）では、女髪結の「一カ月の収入百円内外は慥《たしか》にある算用なり」「此の金額を以て生活を為さんには三、四人の家内は充分余裕のある訳なるに、未だ髪結の建てたる蔵のなきを見れば、如何なる亭主を持ちて如何に道楽をなすかを想像するに難《かた》からざるなり」と記されている。

一月百円といえば、一円は百銭だから現在の金額にすると約三万円ほど。その百倍だから月給は三百万円にもなる。なのに蔵を建てた髪結がいないので、いかにその亭主が道楽しているかがわかるとも書かれている。

そう、いよいよこのあたりから髪結の亭主が登場してくる。さらに同書では、「女一人なれば随分小金を集むるものもあれども、大抵虫が付き易くして斯《か》くセッセと働き集めると一寸《ちょっと》貸して呉《く》れといふ亭主が出来るものにて財布の底には案外残らぬものなり」と揶揄している。このように明治三十年代になると、いわゆるヒモ亭主が女髪結を食い物にするケースが出てくる。

大正時代には大臣より稼ぐカリスマ女髪結も登場

なお、女髪結がこれほど儲かるようになったのは、やはりちゃんとした理由がある。江戸幕府と異なり、明治政府がオシャレを禁止しなくなったことも大きいが、容姿がさして良くなくても、うまく髪をセットしてあげることで、それなりに美しく見せる術《すべ》を心得ていたからだろう。

当時はまだ美容整形術などないので、容姿が収入に直結する芸妓《げいぎ》などは、高い金を払っても、腕の良い女髪結を抱えたのだ。また、華族や実業家の妻や令嬢も社交界でのつき合いが多い。有り余る金を払ってでも社交場で目立ちたいと願い、女髪結に依存したというわけだ。

そのうえ、女髪結は巧みな世辞やおべっかで、お客をとにかく良い気分にさせてくれた。情報通で世間のことはもちろん、隣近所の噂も拾い集め、あることないこと、面白おかしく教えてくれるのだ。だから噂好きな客たちは、喜んで女髪結にチップをはずみ、送迎の人力車や自動車まで出すようになった。

この結果、大正時代になると、なんと女髪結の成金が登場する。

小西栄三郎著『大正成金伝』（富強世界社、大正五年／一九一六）は、各界の成金たちを紹介した本だが、そのなかに「髪結ひ成金桑島千代子」という一項目がある。

千代子は、京橋山城町の粕屋御若《おわか》という髪結師に弟子入りし、二十一歳で独立するとすぐに腕が良いと評判になり、伝馬町の白牡丹《はくぼたん》で開催された第一回髪結競技会で一等になった。いまでいうカリスマ女髪結の地位を得たわけだ。

以後、新橋の芸者だけでなく、素人の子女も千代子の店に殺到し、七人の助手（店員）を雇って朝から夕方まで七、八十人の髪を結い、さらに夜は迎えの人力車に乗って山の手の華族や実業家の婦人、令嬢の髪を結う日々を送ったという。

その結果、一カ月に八百円以上も稼ぐようになった。これは当時の大臣の給与より多い。宮城屋銀行が潰れたさい、同行に千代子が一万三千円の預金をしていたことがマスコミに漏れ、大きな話題になったが、一説にはさらに三十万円の貯蓄があったという。

もちろん千代子にも重兵衛という亭主がいるが、何の仕事もせずに彼女の稼ぎで贅沢に暮らし、一日中ゴロゴロしていたそうだ。ただ、千代子にも若いツバメがいて、彼を連れてときおり着飾って歌舞伎座に出かけていたという。

いずれにせよ、江戸時代とは打って変わり、明治時代になると、腕の良い女髪結は大金を稼ぎ、その亭主はその稼ぎをあてにして自堕落《じだらく》な生活をおくるようになったのである。

江戸のリサイクル・リユース社会

かまどの灰や折れた傘も大切な資源

近年、ＳＤＧｓ（持続可能な開発目標）という言葉が社会に浸透するようになってきた。そうしたなかで、私たちは江戸時代のエコ社会に学ぶべきだとする声も高まりつつある。そこで今回は、江戸時代の社会の実態について語っていこうと思う。

江戸の町には、とにかく棒手振《ぼてふり》と呼ばれる行商人が多かった。朝から夕方まで入れ替わり立ち替わり、天秤棒《てんびんぼう》の両端に商品を吊りさげて裏長屋にやってくる。

魚売り、豆腐売り、酒売り、箒《ほうき》売り、花売り、団扇《うちわ》売り、貸本屋などなど。じつに多種多様な棒手振がいるので、町人はわざわざ町中の店舗にまで出かける必要はなく、居ながらにして必要な品物が手に入った。

そうした棒手振のなかには、いまでいうリサイクルやリユースにかかわる商いをおこなう人々も少なくなかった。

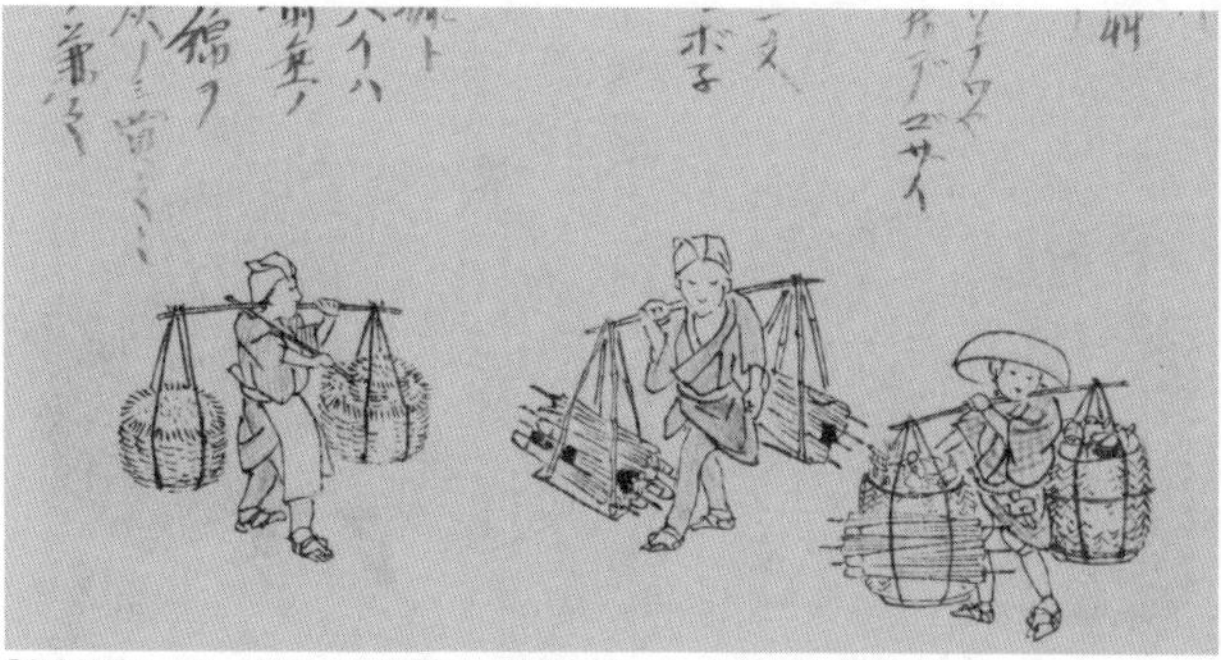

『守貞漫稿』より。右の二人が「古傘（古骨）買い」。その左が「灰買い」

たとえば、毎日家の竈《かまど》から出る灰も保管しておくと、巡回してくる「灰買い」が買い取ってくれた。こうして灰買いが集めた灰は、灰問屋のもとへ運ばれ、藍《あい》染め業者などに販売された。

壊れた傘も大事な資源だった。いまは骨が折れたり、布やビニールが破れてしまうと、そのまま捨ててしまうことの多い傘だが、江戸時代は「古傘（古骨）買い」がやってきて引き取ってくれたのだ。といっても、金銭で買い取るわけではなく、ほとんどは土瓶や鍋、団扇などと交換した。

こうして古傘買いが集めた傘は、傘屋が安く買い取って修理し、再び商品として販売された。破れた傘の油紙も破棄せず、魚肉や味噌の包装紙として再利用されたというから驚きだ。

江戸の生活では髪の毛一本すら捨てない

それにしても、金銭を介在させずに物々交換で商売が成り立つというのは、なかなかユニークな社会だといえよう。

たとえば「とっけえべえ（とっかへべい）」も、そんな商売の一つである。町中を「とっけえべえ」と連呼しながら巡回するのでそう呼ばれるが、要は古鉄（いらなくなった金属）買いの一種だ。もともと、古鉄を溶かして寺の釣鐘を鋳造しようと思い立った人が、自分で製造した飴を古鉄と「とりかえよう」と連呼して回ったのが始まりだとされる。彼らが集めるのは、煙管《きせる》の雁首《がんくび》（吸い口）が大半だったようだ。

ちなみに、煙管の竹の部分（羅宇《らう》）が割れたり、脂で詰まったりすると、新しい竹と交換してくれる商人もいた。これを「羅宇のすげかえ」と呼んだが、当時の庶民はすぐに新品を買わずに、部品を交換したり修理したりして大切にモノを使っていた。

すり減った下駄も、古い歯を入れ替えて使用し、穴が空いた鍋や釜もふいごを持参した鋳掛屋《いかけや》に直してもらったのである。

とはいえ、さすがに茶碗が割れたり欠けてしまったら、捨てるしかないだろう。そう思

『近世商買尽狂歌合』より。とっけえべぇ

うのは間違いだ。焼継屋《やきつぎ》（瀬戸物焼接）という行商の棒手振に頼むと、割れた部分に白玉粉（鉛ガラスの粉末）をつけ、火であぶってうまく接着してくれるのだ。

　このように江戸時代は、見事なリサイクル・リユース社会だったのである。

　ちなみにその名前からだけでは想像できないリサイクル商人もいる。その一つが、「おちゃない」だ。彼らは「おちゃない。おちゃない」と連呼しつつ家々を回って、抜け落ちた髪の毛を集めて回った。「髪の毛の落ちはないか」の「落ちはないか」がなまって「おちゃない」あるいは「おちがい（落買）」と呼ばれるようになった。おちゃないは集めた髪で髢《かもじ》（添え髪）をつくったり、髢屋に売ったりして生計を立てたという。

意外な資源、糞尿は年々値段が高騰した

いまでは考えられないものもリサイクルされていた。それが糞尿である。

現代では不浄で不潔なイメージが強いが、江戸時代、いや戦後の高度成長期までは大切な資源として使われていた。

人や動物の排泄物が肥料（下肥《しもごえ》）として用いられるようになったのは、鎌倉時代後期からだとされる。戦国時代になると、下肥は一般的になっていく。戦国大名が領国の開墾を進めたこともあり、林や草原が減り、刈敷《かりしき》や草木灰といった肥料が不足したからだ。

江戸時代、将軍のお膝元である江戸の町は、急激に人口が増加した。そんな江戸っ子の食の需要を満たすため、周辺の農家での野菜生産が盛んになる。その結果、江戸近郊の農民たちが、手軽な肥料として江戸市中の屎尿《しにょう》を盛んに集めるようになった。

元禄時代までは便所の掃除を条件に住人たちは糞尿を提供し、農民に代価を求めることはなかった。ところが享保年間あたりになると、江戸の武家も町人も農家と個別契約を結び、金銭や野菜を納めさせるようになった。それだけ需要が増えたのである。

江戸の長屋には、各部屋に便所は備えつけられておらず、外に共同便所があった。これを後架《こうか》と呼ぶが、農民がくみ取りに支払う代価はすべて大家の収入と決まっていた。江戸後期に成立した『守貞漫稿《もりさだまんこう》』によれば、その金額は年間にして三、四十両になったというから驚きである。

また、誰でも使用できる小便桶が市中のあちこちにあった。いまでいう公衆便所だ。近くの農民が許可を得て桶を設置し、尿を回収して肥料にしていた。天明四年（一七八四）には江戸市中に百六十カ所もあったというから結構な数だ。それでも『守貞漫稿』によると、尿はもっぱら溝などに流していたそうだ。小便桶は主に旅人や商用などで訪れた人々が使ったようだ。

江戸ではあまり重視されなかった尿だが、上方では大切に扱われた。便所も上方では大便桶と小便桶が別々に設置されることが多く、糞は大家の収入だったが、尿は住人に代価が支払われたという。

十九世紀になると、江戸では糞尿を専門に扱う仲買人が現れ、中川や江戸川、荒川などの水運で近郊の農村へ輸送する下肥の流通機構も整備された。糞尿を運ぶ船を肥船と呼ぶが、肥桶を船に積み込むタイプのほか、部切《へぎり》船といって糞尿を溜める仕切りを設けたタンカーのようなものもあった。肥船が着く江戸近郊の下肥河岸には、大きな肥溜めがつくられ、船から肥溜めに移された糞尿は数カ月ほど寝かされ、下肥として各農家へと運ばれていった。

なお、根崎光男氏（「江戸の下肥流通と屎尿観」『人間環境論集　九巻一号』法政大学人間環境学会、二〇〇八年所収）が、寛政四年（一七九二）の史料をもとに、農家が江戸の人々に支払う糞尿代を試算しているが、それによると、なんと江戸全体で十万両にのぼったと推測されるという。しかも糞尿の値段も年々高騰しており、寛政四年には寛延年間の約五倍になったそうだ。このため江戸近郊の農家は、江戸の町に対して取り引き価格の値下げ運動をおこなっている。

明治時代になっても下肥の流通は盛んで、明治五年（一八七二）の『東京府志料』を見ると、東京府の川船の総数六千五百四十五隻のうち、なんと千五百六十四隻が肥船だった。

現在、毎日排出される膨大な屎尿は大金をかけて処理されている。物価が高騰し、エネルギーが不足している現代、こうした屎尿をもう一度、資源として活用する道を考えてもよいのではなかろうか。

とにかく庶民の生活に口を出す江戸幕府と反抗する江戸っ子

着る服の色から素材まで細かく規制

江戸時代、幕府はとにかく人々が贅沢するのを禁止し、たびたび法律で規制をかけた。拙著『教科書に載せたい日本史・載らない日本史』(扶桑社新書)でも詳しく紹介したが、着る服の色にも規制をかけ、紅や紫などは高貴な色として禁じた。このため茶色と鼠《ねずみ》色(灰色)が必然的に多くなったが、反骨精神旺盛だった庶民は、微妙な色相の違いを数多くつくり出した。鼠色なら茶色にピンクを足して桜鼠、緑を足して利休鼠など。こうして「四十八茶百鼠」と呼ぶ多彩なバリエーションを楽しんだのだ。

幕府が規制したのは服の色だけではない。素材についても同様だった。木綿や麻を着ることを奨励し、絹の使用を制限したのだ。とはいえ、やはりお金があれば、美しい絹服(呉服)を身につけたいと思うのが人情だろう。だから多少金銭に余裕のある人々は、贅をこらした絹地の服を身につけて歩いた。

それに対して幕府は、将軍・綱吉の天和三年（一六八三）閏《うるう》五月、次のような禁令を出している。

「女性は、薄くて軽い絹地に金糸を織り込んで文様をあしらった服を所有していたとしても、今後は決して着てはならない」

ただ、いまでは考えられないが、政府（幕府）が法規制をかけても言うことを聞かない者たちが少なからず存在することである。

だから五年後の元禄元年（一六八八）十二月にも、「町中で女たちが結構な服を着ているという話が耳に届いているぞ。先年、通達したように規定以外の贅沢な衣類は、一切着てはならない。女に限らず、町人どもも禁じられている衣類は身につけてはならぬ。もしこれに違反し、華美な衣類を着ているのを役人が見かけたら、男女ともにこれを召し捕らえ、厳しく叱りつけるから覚悟せよ」

という町触れがでているのだ。

それでも違反者が後を絶たなかったらしく、さらに翌年、「禁止している衣類を着た女は、町奉行所の与力が逮捕し、牢獄にぶち込むことにする」

というように、禁令は激しさを増している。まさにいたちごっこである。それにしても、服装違反によって逮捕され、監獄に収容されてしまうなど、現代では到底考えられないだろう。

頭巾禁止、違反したら奉行所へ

だが、庶民はしぶとい。

それは、将軍・吉宗の時代にあたる享保三年（一七一八）五月の法令を見るとよくわかる。そこには、

「町人男女衣類の儀、前々も相触候得共《あいふれそうらえども》（前から制限の法令を出しているが、相変わらず）美麗の由に候。此間は別して結構になり（ことに最近は華美になり）、下着までに心を付け候ように相聞こえ、不届に候」

とあり、いろいろ規制する幕府に対抗し、見た目ではわからない下着などに絹などぜいたくな生地を用いたのである。

幕府は服だけでなく髪型にもうるさかった。寛政元年三月には「町人の男女が身分不相応な髪飾りをつけているが、これを見つけたら近隣の者は違反者の住所と氏名を聞き、町役人とともに町奉行所に連行しろ。奉行所は取り調べて叱りつけ、髪飾りは取り上げなさ

い」とある。さらに享和二年五月には、女性が縮緬《ちりめん》の美しい布を髪飾りにすることを禁止した。

ユニークなのは、享和元年十二月の頭巾の禁止令である。

「近頃又々面体（顔）を隠し、異風之（ヘンテコな）頭巾をかふり候もの有之段相聞、不埒《ふらち》（とんでもない）之次第、左様ニは有之間敷事ニ候、依之《これより》、来面体を隠し候頭巾をかふり、歩行候者於有之ニおゐては（歩いている輩がいたら）、屋敷ニても廻り之のもの見懸次第、頭巾をとらせ、名前等も取糺、疑《うたがわしき》敷者ニ候は召捕、届ニ不及、町奉行え可被相渡候《あいわたすべく》」

このように、顔を隠す頭巾が流行したさい、それを身につけている者を問答無用で捕らえて町奉行所へ突き出せという通達を発している。

豪華な葬儀、大きい墓石も禁止

幕府は庶民の冠婚葬祭についても、贅沢を厳しく取り締まっている。

たとえば宝暦九年（一七五九）閏七月、幕府は「婚礼のとき不相応に華美な婚礼道具を用いていると聞くが、今後、金銀の金具や蒔絵をあしらった道具は堅く禁止する。これに違反したら厳しく叱りつける」と通達している。

さらに驚くのは天保二年（一八三一）四月に出された法令だ。

「近頃、百姓や町人どもが身分不相応の盛大な葬式をとりおこない、墓所に大きな石碑（墓石）を建て、戒名に院号や居士《こじ》号などつけているそうだな。これはいったいどういうことなのか。これからはたとえ富裕で由緒ある者であっても、十人以上の僧を集めた葬式はしてはならない。また、僧侶へのお礼なども身分や地位に応じて支払い、墓碑の高さは約百二十センチを限度とする。もちろん戒名に院号や居士号は決してつけてはならない。とはいえ、以前から立っている石碑（墓石）はそのままでかまわない。追って修復などのさいに墓石を短くし、院号や居士号を削除しなさい」

このように墓石の大きさや戒名にまで介入しているのだ。しかし逆にいえば、庶民のなかに多くの僧侶を呼んで壮大な葬式を執行したり、武士のように院号や居士号を戒名としてつけ、さらに一メートル二十センチを超える墓石を建てていた人々がいたことがわかる。ただ、江戸時代の墓石を見ると、もっと大きな墓石はあちこちにあるから、きっとこうした法令もきちんと守られていなかったのだろう。

江戸時代の庶民は、なんともしたたかだったのである。

多数の仏宝が失われた廃仏毀釈は日吉大社から始まった

祭政一致の律令国家復活を目指した明治政府

廃仏毀釈《はいぶつきしゃく》は、すべての日本史の教科書に登場する最重要歴史用語である。

おそらくみなさんも聞いたことがあると思うが、具体的にどのような事象なのかを説明できる方は多くないだろう。日本史の教科書には、以下のように記されている。

「1868（明治元）年、政府は王政復古による祭政一致の立場から、古代以来の神仏習合を禁じて神道を国教とする方針を打ち出した（神仏分離令）。そのために全国にわたって一時廃仏毀釈の嵐が吹き荒れたが、これは仏教界の覚醒をうながすことにもなった」（『詳説日本史B』山川出版社、二〇一七年）

これを読んでもすんなり理解するのは難しいので、教科書の文中の言葉について補足を加えつつ、廃仏毀釈について解説していこう。

文中の「王政復古」とは、江戸幕府の武家政治を廃し、天皇による親政をおこなうこと。

朝廷は、慶応三年（一八六八）十二月九日に王政復古の大号令を発し、新政府の樹立宣言をおこなったが、その実態は、薩摩など数藩と急進的公家によるクーデターだった。

こうして成立した新政府は「祭政一致」、すなわち神仏を祭祀することと政治は一体という方針をとり、政治指導者（天皇）が同時に宗教指導者であると規定した。これはある意味、古代の律令国家の復活であり、欧米列強とは異なる特色だといえる。周知のように、日本には五三八年に百済から正式に仏教がもたらされ、六世紀後半になると、蘇我馬子や聖徳太子らの活動によって仏教が興隆し、奈良時代には国教化した。

一方で、古来より日本には自然信仰や祖霊信仰、土地・農耕信仰があり、古墳時代にはそれが神道として確立していったが、奈良時代以降、神道と仏教が融合する神仏習合が始まった。そして平安時代になると、人々を救うために仏が仮に神の姿（権現）となったとする本地垂迹説《ほんじすいじゃく》が成立する。たとえば、仏教の大日如来《だいにちにょらい》は日本では天照大神《あまてらすおおみかみ》であるというように、仏を主、神を従とするようになったのである。

神々も仏教を歓迎するということで、神社の境内や隣接地には、神宮寺と呼ばれる仏教寺院が建立された。

だが、祭政一致の方針のもと新政府は神道を国教にしようと企図し、神仏習合はふさわしくないとして神社から仏教色を排除することに決め、神仏分離令が出されたというわけだ。この法律は単一の法令ではなく、慶応四・明治元年（一八六八）三月十三日から十月十八日までに発せられた神仏に関する太政官《だじょう》布告や神祇《じんぎ》官事務局通達など、一連の布告・通達の総称のことである。

真っ先に破壊行為をおこなったのは神職だった

初めて神仏分離令が出された翌四月一日に事件が起こった。

畑中章宏著『廃仏毀釈——寺院・仏像破壊の真実』（ちくま新書、二〇二一年）を参考に、簡単にその事件の概要を紹介しよう。

樹下茂国《じゅげしげくに》という者が比叡山《ひえいざん》延暦寺の三執行代《しぎょうだい》（同寺のトップ）に対し、日吉《ひえ》社神殿の鍵を渡すよう要求し、それを拒否されると、神威隊（京都吉田神社の神官らで組織）や坂本（比叡山門前町）の農民を率いて日吉社の境内に侵入し、神殿にのぼって扉の鍵を破壊して勝手に内へ入り込んだのである。そして、仏像や仏具、仏器、経典などを引き出して階下に投げ落とし、それらを足蹴にしたり、槍で突いたりした。彼らは武装しており、とくに樹下などは、仏像の顔面を的に矢を射込み、当たると快哉《かいさい》を叫んだという。これを手始めに日吉社内の七社（主な神社）も襲撃し、多数の仏像・仏具、経典を取り集めて焼き払ったのである。

まともな所業ではないが、驚くべきことに樹下茂国は、日吉社の東本宮の社司職（神職）だったのである。彼は、仏僧より神官が下位に置かれてきた積年の恨みを晴らしたのだ。延暦寺側としても、この挙を阻止したかったが、樹下が新政府の神祇事務局事務掛《がかり》であり、政府高官の岩倉具視とも親しかったことで、この暴挙を傍観するしかなかった。

比叡山の支配下に置かれ鬱積していた不満が噴出

日吉《ひよし》大社は、現在の滋賀県大津市坂本に鎮座する日吉・日枝・山王神社の総本宮である。江戸時代は日吉社と呼ばれていた。祭神は大山咋神《おおやまくいのかみ》と大己貴神《おおなむちのかみ》で、大きく西本宮、東本宮に分かれており、さらに五摂社《せっしゃ》として牛尾宮、樹下宮《じゅげ》、三宮宮、宇佐宮、白山宮が知られている。

周知のように、日吉大社は比叡山延暦寺の結界を守る守護神・鎮守である。ただ、実質的に長年、比叡山延暦寺の支配下に置かれ、極めて仏教色の強い神社だった。

平安時代初期、比叡山延暦寺は最澄によって開かれ、王城鎮護の地として絶大な影響力をもった。天台座主には皇族を迎え、大勢の僧兵を抱えて朝廷への強訴を繰り返し、自分たちの要求を受け入れさせてきた。『平家物語』には、院政をおこなった白河上皇が「賀茂河の水、双六の賽《さい》、山法師、是《これ》ぞわが心にかなわぬもの」と嘆いたとあるが、山法師とは比叡山延暦寺の僧兵のことである。

中世でも一大宗教勢力として君臨し続けたが、加えて強大な経済力をもっていた。全国各地に多数の荘園を有し、京都の土倉《どそう》（金融業）の過半数を支配下に置き、琵琶湖上に置いた多くの関所で津料を徴収し、さらに門前町の近江坂本の馬借《ばしゃく》（陸上交通業者）を統制していた。

ただ、戦国時代に織田信長の焼き討ちに遭《あ》い延暦寺は灰燼《かいじん》に帰《き》してしまう。豊臣秀吉が再建を認め、天海が比叡山を復興したものの、日光東照宮と東叡山寛永寺の誕生により、天台宗の中心が関東に移ってしまった。江戸時代も比叡山には、東塔・西塔・横川の三塔に所属する多数の僧坊があったが、寺領はわずか五千石しかもてず、慢性的な財政難に苦しんだ。

こうした弱体化のなかで、日吉社は延暦寺の配下にあり続けることに不満を表し、たびたび江戸時代に係争を起こし、裁判沙汰にまで発展するが、結局、日吉社が敗訴し、従属関係は幕末まで続くことになった。

そんな鬱積《うっせき》した不満が「神社から仏教色を排除せよ」という新政府の神仏分離令が出たことで爆発し、樹下茂国の狼藉行為となったわけだ。

そしてこれが、記録上わかっている最初の「廃仏毀釈」であった。

ちなみに「廃仏」とは仏教や仏法を廃すること。「毀釈」の「毀」は壊すことや悪口を意味する。もちろん「釈」は釈迦のこと。つまり「仏を廃して釈迦を毀《そし》る」行動を廃仏毀釈と呼ぶのである。

最初の廃仏毀釈におとがめなし

さて、この樹下らによる狼藉事件は新政府を慌てさせ、事件の四日後、新政府は仏像などの破壊をいさめる太政官布告を出した。そこには、「神職と仏僧は氷炭相容れないほど仲が悪いが、だからといって神職が私憤を晴らすことは認めない。神社からは仏教色は排除すべきだが、その取り計らいは事前に政府に伺い出ること。粗暴な行為は処罰する」とした。

事件後、日吉社は延暦寺から独立して日吉大社となった。

ただ、事件を起こした樹下茂国と共犯で同じく日吉社の社司・生源寺義胤《しょうげんじよしたね》は、何のおとがめもなかった。しかしその後、延暦寺側が強く抗議したようで、ようやく二年近く経って（明治三年十月）処分がなされた。

その判決が明治六年（一八七三）に編纂された『憲法類編』（法令集）に載っている。これは明法寮《めいほうりょう》（司法省に置かれた司法学校）で使用する司法生のためのテキストで、廃仏毀釈の代表的な判例として掲載されたのだろう。以下、紹介する（文章は筆者が多少改変してわかりやすくしている）。

「庚午《こうご》十月五日、樹下正四位へ御沙汰。その方儀、御一新後、神祇官権判事在職中、神仏混淆《こんこう》御取分の折柄、日吉社取り調べの節、他国神職の者をも誘い、兵器を携《たずさ》え山門（比叡山延暦寺）よりの示談も相用いず、ほしいままに仏像・仏具などを焼き棄て、粗暴の所業に及び候のみならず、山門公人復飾（還俗した者）などの儀についても粗忽《そこつ》の取り計らい少なからず。不埒《ふらち》の至りにつき、きっと御沙汰の科《とが》もこれあるべきの処、格別の御寛典をもって謹慎仰せつけられ候事」

このように日吉社であれほどの乱暴狼藉を働いたにもかかわらず、新政府は単に謹慎処分で済ましているのである。

路傍の石仏が破壊されるほど激しい排撃運動に

樹下への軽い処分が決まった頃、廃仏毀釈運動は各地に広がり、まさに最盛期を迎えていた。

繰り返しになるが、神仏分離令は明治元年に出されたさまざまな布告や通達の総称であり、神仏習合状態の神社から仏教色を排除するのが目的だった。たとえば、別当社僧復飾令では、神社の境内や近くに置かれた神宮寺の僧（別当、社僧）に復飾（還俗《げんぞく》）が命じられた。また、神祇官事務局布達（神仏判然のご沙汰）では、各神社にその由緒を提出させたり、勅額《ちょくがく》や御宸翰《ごしんかん》（天皇直筆の文書）の有無などを報告させたり、仏像を神体することを禁じたり、社前の鰐口《わにぐち》や梵鐘《ぼんしょう》の除去などを命じたりした。

このように、新政府が求めたのは神と仏を判然と分けることであり、千年以上も続いた神仏習合状態をすぐに分離できないことは政府も十分理解していた。

明治三年（一八七〇）、明治天皇は「治教を明らかにして惟神《いしん》の道を宣揚《せんよう》すべし」とする大教宣布《たいきょうせんぷ》の詔《みことのり》を発した。この詔では、天皇の絶対化・神格化と神道国教化が謳《うた》われた。前年には神祇官内に宣教使が設置され、神道を国民に浸透させるため彼らを各地に派遣し、神道国教化を推進していった。

　こうしたなかで、廃仏毀釈は神社から仏教色を除くだけではなく、路傍の石仏や石塔を破壊したり、寺院を廃寺にしたりする激しい排撃運動に発展していた。これほど仏教が憎まれたのは、江戸時代に仏教宗派が権力側に立ち、人々を支配・管理していたことが一因といわれている。

　その仕組みが寺請《てらうけ》制度である。幕府はキリスト教徒を根絶するため、すべての人間をどこかの寺院に所属させ、キリスト教徒でないかどうかをチェック（宗門改め）した。いわば寺院は幕府や大名のもとで人民を統治する役割を果たしていたのである。町への就職や旅行なども寺から証明書を出してもらう必要があり、葬儀や法事のたびに多額の金銭を払わなくてはならなかった。そうしたこともあり、寺院を快く思わない人々も少なくなかった。

　ただ、廃仏毀釈については地域差が非常に大きい。つまり庶民が率先して活動したというより、各藩の方針や地方に赴任した政府の役人の意向が大きくかかわっていたのである。

　次項では、どのようなかたちで廃仏毀釈が実施されたかについて具体的に見ていこう。

鹿児島県日置市の園林寺跡。廃仏毀釈によって仁王像の首と右腕が破壊されている（写真提供：鹿児島県日置市教育委員会教育課）

じつは江戸初期に激しい廃仏毀釈をおこなった水戸黄門

江戸時代初期、水戸藩の寺院は半分に

日本史の授業では、廃仏毀釈は明治初年の出来事だと習うが、じつは江戸時代にも一部の地域で激しい廃仏毀釈運動が起こっていた。その最初の事例が水戸藩である。しかも運動を進めたのは、かの有名な第二代藩主・徳川光圀《みつくに》（水戸黄門）なのだ。

光圀は、長崎に亡命していた明の朱舜水《しゅしゅんすい》を招き、儒教的精神（朱子学）にもとづく仁政をおこなった。

朱子学は尊王斥覇《せきは》という考え方を重視する。仁徳をもつ王者を尊び、武力で権力を握った覇者は退けるべきだという思想だ。日本の場合、王者は天皇を意味した。

このため光圀は尊皇思想を有し、天皇の宗教である神道を尊び、外来の仏教を嫌うようになった。そして、それが高じて寺社奉行に寺院の整理を命じたのである。民を惑わし藩の費《つい》えとなる、風俗にもよくない寺を次々と破壊させていったのだ。水戸領内に

は二千三百七十七の寺院があったが、そのうち千九十八寺を廃寺とし、さらにこのうち七百十三寺を破却したのである。さらに僧を還俗させせたり追放したり帰農を奨励したりした。同時に、領内の神社にいた社僧を廃し、神社の管理は僧や山伏から神官に替えた。加えて仏教色の強い八幡大菩薩を祀《まつ》る八幡宮（七十三社）をことごとく破壊し、家臣たちの墓所も寺の境内から別の場所に移転させた。このように神仏分離もかなり徹底して断行したのだった。とはいえ、由緒正しい寺院は保護しており、晩年には仏教に対する理解も深まっていったという。

なお水戸の光圀だけでなく、会津藩主の保科正之や姫路藩主の池田輝政など名君と呼ばれた人々も、同様に寺院の整理を断行している。

仏像や鐘を鋳つぶし大砲や弾に

江戸後期になると再び水戸藩領では、廃仏毀釈の嵐が吹き荒れる。

第九代水戸藩主の徳川斉昭《なりあき》は、藤田東湖《とうこ》や会沢正志斎《あいざわせいしさい》など下級藩士ら改革派に擁立されて藩主となった。改革派は尊王攘夷論をかかげたこともあり、斉昭も深く天皇を尊崇《そんすう》し神社を保護した。対して外国伝来の仏教を排撃し、寺院を次々と破壊していったのである。

光圀と異なり、大寺院も容赦せず、路傍にある石仏なども撤去した。

また水戸藩では寺院の金銅仏や梵鐘《ぼんしょう》を没収し、これを鋳《い》つぶして大砲や弾をつくった。さらに、江戸時代の寺院は檀家の葬式が大きな収入になっていたが、斉昭は領民に自葬祭を命じた。こうした仏教弾圧に反発した領内の僧侶たちは、同じく斉昭に不満をもった重臣門閥派と結び、斉昭を失脚させたのだった。しかしその後、斉昭は政界に復帰し、ペリー来航時に製造した七十六門の大砲のうち七十五門を江戸幕府に寄贈した。

そんな斉昭の影響を受けたのが薩摩藩主・島津斉彬《なりあきら》で、彼も寺院の梵鐘を溶かして大砲を鋳造《ちゅうぞう》している。斉彬の死後に藩主となった忠義（斉彬の甥）も慶応元年（一八六五）に寺の末寺を廃するように命じている。

薩摩藩の廃仏毀釈の主導者、市来四郎政和

こうした薩摩藩の廃仏毀釈の主導者は、市来四郎政和《いちきしろうまさかず》だった。

市来は、薩摩藩士・寺師正容の次男として生まれた。父は市来が生まれる半年前、四十二歳の若さで病死してしまい、一家の家計はかなり苦しかったようだ。そのため彼は、十一歳のときに市来政直の養子となっている。そして、十二歳から藩校「造士館」で学び、

十四歳で元服して勘定所筆生《ひっせい》や高奉行所書記を務めるかたわら、高島流砲術（西洋砲術）や蘭学を学んだ。

このため製薬館で火薬製造などにたずさわり、やがて長崎で洋学を習得、藩主島津斉彬《なりあきら》が進める集成館事業（西洋式工場での蒸気機関、大砲、ガラス、煉瓦製造など）を補佐した。市来は日本で初めて写真（銀板写真）の撮影に成功した人物でもあり、その被写体は主君の斉彬だった。

市来史郎が撮影した島津斉彬の写真

安政四年（一八五七）、市来は斉彬に直々に呼び出され、密命を受けて琉球王国へ渡った。当時、琉球は薩摩藩の支配下にあったが、建前上は独立国として清と宗属関係を結んで交易をおこなっていた。このためアメリカ人やフランス人なども琉球に居住するようになっていた。

市来が受けた密命は「①西洋事情の情報収集・②軍艦の購入・③水軍教師雇い入れ・④銃器類の購入・⑤貿易・⑥薩摩藩の若者を琉球人として英・仏・米へ留学、これらのことを琉球一手の事業としてフランス人と交渉させること」（安藤保著「解題」鹿児島県資料センター黎明館編『鹿児島県史料　市来四郎史料一　玉里島津家史料補遺』鹿児島県、二〇一九年所収）だったと考えられている。フランス人との交渉は順調に進み、軍艦購入の約束も取り交わされたが、翌年、斉彬が急死したことで、市来は密命を解かれて本国へ召還された。ともあれ外交能力にも優れていたようだ。

寺の梵鐘で贋金をつくる

斉彬の死後、市来は再び登用された。文久二年（一八六二）、薩摩藩は琉球を救済するという名目で、琉球通宝（通貨）を鋳造する許可（三年間を期限とする）を得ると、翌年、琉球通宝を鋳造するかたわら、幕府の天保通宝を偽造し始めたのだ。その責任者に市来が抜擢されたのである。すでに斉彬の生前、同じような計画があり、その担当者が市来だったからだ。こうして、藩主・忠義の実父で国父と呼ばれた島津久光のもとで、市来は莫大な利益を薩摩藩にもたらした。ただ、やがて原料の銅が不足するようになった。

そこで市来は、領国内の寺院に着目した。寺の梵鐘や仏具を徴発し、これを贋金《にせがね》の原料とすることに決め、領内の寺院を詳しく調査したうえで、寺にある仏具や梵鐘も贋天保通宝の材料にしてしまった。洋学を学んだことで迷信を信じなくなった市来は、仏罰などまったく恐れなかった。それは彼の日記を見るとよくわかる。文久三年四月二十六日の記述には、次のようなことが書かれている。

「寺院の梵鐘を取り上げて鋳銭していることについて、さまざま妖言が出回っている。なかでも川辺山の寺の梵鐘を運んだ者が、休憩していて眠ってしまったさい、目を覚ますと鐘が消えてしまった。いくら探しても周囲に見当たらないので、寺に戻ってみると、驚くことに鐘がもとのように鐘楼にかかっていたという。また、谷山阿弥陀寺の鐘を運び出したときも、途中で鐘が鳴り出したそうだ。こうした妖言は少なくなく、俗人は大いに怖がっている。ただ、そんなものはでたらめである。本当に不思議なことがあるというのなら、私は去る十九日に百個ほどの大小の鐘を一度に破壊させ、火であぶって壊れやすくし、人足数十人に鉄槌で破壊させた。夜分だったがまったく奇妙な出来事などなかったし、人足も誰一人怪我をしなかったことで明らかである。凡人は妖言に迷うので、この事実を日記に記し、のちの世の人の参考にしてもらいたい」

このように仏罰など信じなかった市来は、慶応二年（一八六六）に寺院廃合取調掛《がかり》になると、徹底的に寺院を調べ上げ、家老の桂久武に対して寺院は無用であると報告、廃寺事業を進めていった。なぜ市来が寺院を軽んじたのかは不明だが、「廃寺の挙は予等積年の冀望《きぼう》にして、国家の為め有害無益を論すること久し」（『前掲書』）と述べており、領内にある寺院の財産を没収し、僧を還俗させていった。ただ、翌慶応三年に「『僧侶の殿中婦女侍臣と通謀して、讒誣《ざんぶ》内訴する所あり、事激越に過き、達命を矯《た》む』として、免黜《めんちゅつ》され、頓挫《とんざ》した」（『前掲書』）とあるように、寺院側が藩内の者と手を結び、市来を失脚させたのだった。

鹿児島県は今も極端に寺が少ない

ただ、薩摩藩の廃仏政策は戊辰戦争後も続き、明治二年（一八六九）に藩主・島津忠義夫人が死去したさい、葬儀は神式で執行された。また一乗院、福昌寺、大乗院、感応寺といった島津家ゆかりの諸寺を廃絶するなど明治九年まで徹底的に寺院を破壊した結果、鹿児島県からすべての寺院は消滅し、僧侶もいなくなったのである。没収された寺領は一万五千百十八石に及んだといわれる。

その後、浄土真宗の寺院が入ってきたり、復興された寺もあるが、他県に較べて現在も鹿児島県に寺院が少ないのはこのためである。なおかつ、廃仏毀釈のために、鹿児島県内には仏教由来の国宝が皆無である。いかに廃仏毀釈運動が大きな痛手だったかがわかるだろう。

ちなみに市来はその後、明治二年に復帰し、鹿児島兵学校の創立に関与したり、県の支援をうけて殖産興業を目的とする開物社をつくり、製糸業や洋式牧場の発展に尽力した。だが、西南戦争で会社も自宅も全焼してしまった。明治十五年以降は歴史の執筆に専念、晩年は『島津斉彬言行録』の編纂など、島津家の歴史や史料編纂にたずさわった。

薩摩藩がこうした状況だったので、隣接する日向国《ひゅうがのくに》（現在の宮崎県）高鍋藩（二万七千石）でも廃仏毀釈運動は激しかった。藩主の秋月種殷《たねとみ》は、歴代藩主の菩提《ぼだい》寺（大龍寺、安養寺、雲龍寺）に火を放たせ、城下の一般寺院も破壊させた。このため八十七寺のうち七十四寺が廃寺となってしまった。

いずれにせよ、市来の例にあるように、藩や県の上層部に廃仏に積極的な人物がいると、その地域の廃仏毀釈運動は激しくなった。先述のとおり、その被害状況が地方によって大きく異なるのが廃仏毀釈の特色である。

松本の旧開智小学校（国宝）は藩主菩提寺の廃材を利用

これは教科書には書かれてないが、廃仏毀釈運動の目的の一つは、寺院を学校に転用することにあったという説もある。

たとえば明治七年（一八七四）に発刊された『開化乃入口』（横河秋濤著）は、文明開化側に立つ二人の青年が保守的な父や僧侶などに開化の効用を説く物語だが、その巻四には、そのあたりのことが書かれている。

ある僧侶は、「小学校取り立ての御布令があると、直様一応の挨拶もなく、天朝の厳命じや、さあ、今日中に寺を明渡されと村役人や世話人が寄り集り、本堂の荘厳から本尊様も位牌もさっぱりと庫裏《くり》へ押し込み、襖《ふすま》をはずし畳をめくり、跡に残りし古仏具や絶えたる家の多くの位牌、そのほか茶湯茶碗、茶台、古過古帳、釈迦誕生の金仏まで広庭へ持ち出し、さっぱりと焼きつく」し、「御痛わしやと涙ながらに引き出して見れば、悲しや如来様は真っ赤になってあえない御最期」だったと嘆いた。

すると、これを聞いた文明開化に賛成する青年は、「あなたは自分の寺だと思っているからそんなに腹が立ったり悲しくなるのだ。寺は天朝様（政府）のものだから、その寺を天朝の御用のため学校にするのは当たり前だ」と反論している。

このように、廃仏毀釈によって廃寺になった寺院の建物が小学校に転用された例は少なくない。

たとえば長野県松本市にある旧開智学校がそうだった。

開智学校がある場所は、松本藩の領地だった。松本藩の最後の藩主・戸田光則は知藩事として明治四年の廃藩置県まで激しい廃仏毀釈運動をおこない、徹底的に寺院を破壊し、僧侶を還俗させて帰農させたり、領民に対し仏式の葬式を禁じて神式としたりした。そうしたなかで、菩提寺の全久院も廃し、そこに開智学校を設立したのである。校舎には全久院の建物があてられた。

明治九年、開智学校は全久院の本堂に代わって新たに擬洋風の立派な建物をつくった。それが現在の旧開智学校である。この校舎はまさに文明開化の象徴であり、現在、国宝に指定されている。ただ、この建造物の材木の多くに、廃寺となった全久院の廃材が利用されているのである。

見事に転身した興福寺と迷惑を被った春日大社

こうした廃仏毀釈の嵐のなかで、多くの寺院が窮地に陥《おちい》ったが、その危機を巧みに切り抜けた仏僧たちがいた。

有名な奈良の興福寺である。

興福寺は、比叡山延暦寺と並んで南都北嶺と呼ばれ、古代・中世には絶大な軍事力と経済力を持っていた。院政期には春日社の神木を担いで大挙興福寺の僧兵が都になだれ込み、上皇や朝廷に無理な要求を呑ませていた。だが、源平の争乱が始まると、平氏に対して敵対したため、清盛は息子の平重衡《しげひら》に命じて興福寺を焼き討ちさせた。

このとき伽藍《がらん》の多くが焼失してしまったが、鎌倉時代に復興され、その後も大きな力を有し、中世には実質的な大和国《やまとのくに》の守護として君臨した。戦国時代には、興福寺の衆徒だった筒井氏が戦国大名に転身している。

『開化乃入口』より、経文などを燃やしてる様子

ただ、江戸時代には寺領は約一万五千石に減り、奈良奉行の統制下に置かれたうえ、享保二年（一七一七）の大火により、金堂、南円堂、南大門、鐘楼など、多数の堂が焼失してしまった。しかも財政難で再建が進まず、そのまま幕末を迎えたのである。

往年の力が失せた興福寺は、慶応四・明治元年（一八六八）四月、なんと新政府に興福寺の廃絶を願い出、僧侶たちが全員、復飾願を提出したのだ。じつは興福寺は幕末から倒を察知していた。

幕勢力と結びついており、いち早く新政府が神仏分離令を発し神道国教化政策をとること

さらに驚きなのが、新政府によってこの請願が許可されると、興福寺の僧はみな神職となり、当時、興福寺と一体化していた春日社に奉仕することになったのだ。なんとも鮮やかな転身だったが、いうまでもなく、迷惑したのはもとからの春日社の神職たちだった。彼らは強く反発して新政府の神祇神務局に調停を求めたが、最終的に興福寺側の言い分が認められた。

ともあれ、こうして歴史ある興福寺は廃寺となってしまった。明治五年までに、興福寺の境内の一部は西大寺と唐招提寺の管理となったものの、大部分は没収された。諸堂も取り壊され、土塀や門は撤去され、さらに仏具や経典は焼却されたり、売却されたりした。

なお、興福寺五重の塔は五十円（異説あり）で民間に払い下げられた。しかも購入者は相輪などの金具を回収するため、塔に火をつけて燃やそうとしたという。これを知った近隣の人々は飛び火を心配して反対運動を展開、最終的に取りやめになった。

ちなみに明治時代半ばに仏教の復興運動が起こると、興福寺の再興を求める声が高まり、明治十五年（一八八二）、法相宗の総本山として再興されたのである。

第五章　現代人が学びたい、江戸から明治の偉人の志

知られざる埼玉の三賢人・塙保己一の偉業

渋沢栄一も敬愛した塙保己一

埼玉の三偉人をご存じだろうか。

渋沢栄一、塙保己一《はなわほきいち》、荻野吟子《おぎのぎんこ》である。渋沢栄一は大河ドラマの主人公になったので有名だが、残りの二人を知らない方もいるだろう。荻野吟子は、日本で最初の公認女性医師である。そして、今回紹介する塙保己一は、『群書類従《ぐんしょるいじゅう》』という膨大な古典籍の叢書《そうしょ》を編纂《へんさん》した学者だ。しかも彼は目が見えないというハンデを背負っていた。

渋沢栄一は、塙保己一を敬愛しており、その素晴らしい点を六つ挙げている。

「強固な意志をもっていたこと。何事にも積極的で、活動的であったこと。私利私欲がなく、心が清らかなこと。心が広く、人の意見によく耳を傾けたこと。ユーモアと心の余裕があったこと。抜群の記憶力のもち主であったこと」

それでは、これからそんな保己一の生き様を見ていこうと思う。

物覚えの良さを生かすため江戸へ行くが、不器用すぎて絶望する

保己一は、延享三年（一七四六）に武蔵国児玉郡保木野村（現在の埼玉県本庄市）に農民・荻野宇兵衛ときよの長男として生まれた。体が小さく病気がちで五歳のときに重い病気にかかり、七歳で両眼の視力を失ってしまう。

ただ極めて記憶力が良い子で、手のひらに指で字を書いてもらえばたちまち覚えてしまい、一度聞いた話もすべて暗記し、間違えずに繰り返すことができた。そこで母のきよは、そんな保己一のために毎日のように物語を話して聞かせたが、保己一が十二歳のとき死去してしまう。さぞかし保己一は悲嘆に暮れたことだろう。

塙保己一像

翌年、保己一はある商人から「太平記読み」という職業があることを教えてもらう。これは、『太平記』（足利尊氏らが活躍する南北朝時代の戦いの物語）などを街角で講釈し、人々からお金をもらって生活する仕事だ。記憶力抜群

の保己一は「これなら自分にもできる」と喜び、江戸に出る決意をする。また、物覚えの良さを生かして学問をまなび、学者になりたいとも考えるようになった。そして、反対する父を説得し、十五歳のときに江戸へ出てきたのである。

目の見えない少年が一人で生活するのは困難だが、江戸時代には当道座《とうどうざ》といって、盲人の互助組織があった。目の不自由な人々はこの組織のなかで、互いに支え合って生活していたのだ。保己一は、そんな組織の検校《けんぎょう》（最高位）であった雨富須賀一《あめとみすがいち》に弟子入りした。当時、盲人は按摩《あんま》や鍼《はり》、三味線や琵琶のような楽器、あるいは金融業をして生計を立てるしか手段がなかった。

そこで雨富検校も、門弟たちにそうした技能を学ばせていた。ところが保己一は、賢いのだがひどい不器用で、按摩も楽器もまったく上達しない。しかも、好きな学問は許されなかったので、翌年、絶望して自殺を図った。幸い未遂に終わったが、この状況を見かねた雨富検校は、「三年間だけ面倒をみてあげるから、好きな学問を一生懸命やってみなさい」と保己一に告げたのだった。もちろん、これは特例である。つまり師匠が雨富検校でなかったら、のちに塙保己一という大学者は生まれなかったろう。

真摯な学問の態度に、道が開ける

喜んだ保己一は、日本の文化や伝統などを学ぶ和学（国学）に没頭していく。けれども自分で本を読むことはできないので、他人に読んでもらった内容を覚えて学ぶ必要があった。ただ、熱心に耳を傾けるうえに、極めて記憶力が良く、お礼に按摩をしてくれるので、保己一に協力する人は絶えなかった。

その一人が、旗本の高井実員の妻だった。彼女はよく保己一に古典を読んでやった。ある夏の夜、ふと彼女が蚊帳《かや》の外にいる保己一を見ると、両手を紐でしばって話を聞いているではないか。驚いてその理由を尋ねると、「寄ってくる蚊を手で払っていたら、集中して話が聞けないから」と答えたのだ。彼女はその気持ちに感激し、のちに『栄花物語』全四十巻を保己一に与えたのである。

これが、記念すべき保己一の初めての蔵書になった。その後、書庫には本が増え続け、ついには六万冊に達したといわれている。しかも、保己一はそのほとんどを記憶していたそうだ。

こうした真摯《しんし》な態度は評判となり、雨富検校の屋敷の隣に住む旗本の松平乗尹《のりただ》が保己一に目をかけ、自分の師である国学者・萩原宗固《はぎわらそうこ》の門人として保己一を推薦してくれた。明和六年（一七六九）には、有名な国学者の賀茂真淵《かものまぶち》の弟子になることが許され、さらに幕府の老中とも知り合いになり、そのおかげで門外不出の貴重な書物なども読み聞かせてもらうことができた。誠実に努力する人は、必ず他人が見ていて、引き上げてくれるものなのかもしれない。

三十四歳の安永八年（一七七九）、保己一は日本の古典や古記録、日記や手紙などを分類整理して出版しようと決意する。貴重な文献も、放っておけば消滅してしまう。だから何としても後世に伝えなくてはいけないと考えたのである。

ユーモアと感謝の気持ちを忘れない保己一

こうして『群書類従』の編纂が始まった。人に古典や資料を読んでもらって保己一が覚え、弟子に語って文字に起こすというやり方で作業を進めていった。この事業を知ると、多くの本屋が保己一のところに古典や資料を持ち込んできた。なんと、保己一はそれを言い値で買ってやった。わざわざ来てくれた感謝の念からだった。これに感激した本屋もさらに良い本を持参するよう心がけたという。このように保己一は、感謝の気持ちを生きる基本にすえたのである。

たとえばこんな話がある。

『群書類従』の編纂事業が大規模になると、版木を彫る版木師が足りなくなった。そこで保己一は、一人の版木師を招いた。この人物は、二十年前、下駄の鼻緒が切れたとき、助けを求める保己一を冷たく断った輩だった。もちろん、相手はその出来事を覚えていなかった。すると保己一はあえてそのことを語り、恐縮する版木師に対し「あなたに礼を言います。あの仕打ちに発奮したからこそ、いまの私があるのです」と感謝を伝えたという。このように常に保己一は前向きで、不幸な出来事も良くとらえるようにつとめた。

たとえば四十七歳のとき火事で屋敷や『群書類従』の版木が焼けたときもそうだった。焼け跡に立って弟子たちは途方にくれたが、保己一は「みんなが無事で元気ならそれでよい。少し休んだら、また頑張ろう」と弟子の無事を喜び、彼らを励ましたのである。

保己一は心に余裕があり、ユーモアのセンスをもっていた。ある夜、弟子に『源氏物語』の講義をしていると、急に風が吹いて蠟燭《ろうそく》が消えてしまい、何も見えなくなった。弟子たちが慌てていると、保己一は「灯りがなければ見えぬとは、目あきというものは不自由なものだな」と笑ったのである。

やがて保己一は、幕府に古典の収集・編纂、国学の研究、子弟の教育をおこなう機関の設立願いを出した。こうして和学講談所が設置され、のちに幕府の公的な支援も受けられるようになった。

おとぎ話から歴史、法律、文芸、趣味など多彩な六六六冊

『群書類従』は、古代から中世の歴史や法律、日記や文芸、医学日記など非常に多岐にわたる書籍や資料が採録され、次々と発刊されていった。有名な「浦島太郎」や「かぐや姫」などのおとぎ話、『枕草子』、『方丈記』なども収められている。蹴鞠《けまり》、鷹、囲碁、包丁に関する記録など内容も多彩である。

最終的に五百三十巻六百六十六冊になったが、『群書類従』の販売価格は紙代と印刷代分だけだった。儲けることよりも、広くこの全集が読まれることを優先したのである。このため保己一は常に貧しく、借金もあった。着物も一枚しかもっていなかったという。

ただ、金持ちになるチャンスはあった。

たとえば若い頃、兄弟子の豊一が急死した。彼は金貸しで多くの財産を残していた。当時、保己一は学者の道を目指していて収入がなかったので、雨富検校は豊一の遺産を継がせてやろうとした。ところが保己一は、この話を断ったのである。

高利貸の豊一が人々を苦しめていたことを知っていたからだ。

「そんなことで稼いだ金を引き継ぎたくないし、それくらいの額なら自分で稼ぎます」

と言ったという。これを聞いて雨富検校は、とても喜んだそうだ。

とはいえ、当道座には七十以上の階級があり、位が上がるたびに莫大な金銭を座に納める必要があった。でも、保己一は貧乏で金がない。すると、その将来を見込んで雨富検校が多額の支援をしてくれたのだ。そのおかげで、保己一は最高位の検校になることができたのである。


七十四歳の文政二年（一八一九）、保己一は壮大な『群書類従』の編纂事業を完成させた。自分を愛し、支援を惜しまなかった師・雨富検校の恩に報いたのである。また、保己一のおかげで、日本の貴重な文献は散逸を免《まぬか》れ、いまなお『群書類従』は日本の文学や歴史を勉強する人に重宝されているのである。

いっときは行方不明になってしまった『群書類従』

ただ、明治時代になると、『群書類従』の版木の行方がわからなくなってしまったのである。しかし運良く明治四十二年（一九〇九）に文部省構内の倉庫から偶然発見され、改めてきちんと保管されることになった。

これを機に、塙保己一の偉大な業績と版木を保存するための学術文化団体「温故学会」が設立された。中心になったのは、保己一の曾孫である忠雄や渋沢栄一らだった。ところが関東大震災でその倉庫が倒壊してしまった。このときには、栄一が鉄筋コンクリートの耐火倉庫をつくろうと奔走、昭和二年（一九二七）に温故学会会館が竣工《しゅんこう》した。開館式のさい、八十八歳の渋沢栄一は、会館の講堂で祝辞を述べた。

「塙先生の希望が非凡というか突飛というか、五歳で失明し、文字になんらの縁故なき身で学問によって世の中に立とうという決心をしたことは何たる大胆でありましょうか(略)人の精神というものは実に不思議のものである。古人の句に『陽気発処金石亦透、精神一到何事不成』とある」と述べ、いまの時代は軽薄であるから、「塙先生の爪の垢《あか》でも煎じたいものだ」と語っている。この会館が現在も現役で、栄一が祝辞を述べたときの写真が構内に飾られている。じつは二〇二〇年十一月、私は温故学会の招きによって、まさにこの場所で渋沢栄一について講演をおこなった。栄一が約百年前に立った同じ場所で、話ができるというのは感無量であった。

民間で種痘を広め、コレラを防ごうとした医師の鏡・緒方洪庵

優れた人材を多数輩出した「適塾」

緒方洪庵《おがたこうあん》は、日本史の教科書（通史の日本史B）では「大坂に適塾《てき》（適々斎塾）を開いて多彩な人材を育てた」と紹介されている。門下生としては慶應義塾の福沢諭吉、志士として活躍した橋本左内、近代陸軍の創設者・大村益次郎、日本赤十字社の初代総裁・佐野常民が有名だが、ほかにも幕府の近代歩兵軍を率いた大鳥圭介、五稜郭をつくった武田斐《あや》三郎《さぶろう》、アドレナリンを発見した高峰譲吉など、優れた業績を残す多くの人物が適塾から巣立っている。

洪庵は文化七年（一八一〇）に足守藩《あしもり》（現在の岡山県岡山市）士・佐伯惟因《これより》の三男として生まれ、蘭学医・中環《なかたまき》の弟子となり、のち江戸へ出て坪井信道、宇田川玄真から蘭学を学び、長崎遊学を経て大坂に適塾を開いた。

緒方洪庵肖像「五姓田義松画　1901 年」（大阪大学適塾記念センター所蔵）

適塾の教育は、洪庵の講義もあったが、基本的に自学自習である。学則も厳しくない。塾での飲酒や囲碁などの娯楽は黙認されていた。適塾の建物は現存するが、塾生の大部屋の柱は刀傷だらけ。ある意味、こうした乱行も洪庵が認めていたことになろう。このように、悪くいえば放任、よくいえば自主性を重んじたところに特徴があった。

だからといって教育自体が甘いわけでない。完全な実力主義、下剋上《げこくじょう》なのだ。

塾の序列だが、塾生のトップに君臨し門弟をまとめるのが塾頭。それを補佐するのが塾監。これに一般の塾生が続くが、全部で九つの等級に分かれていた。級は上にいくごとに学びの内容が高度になり、上級者になると、原書をテキストとして難なく学べるほどの実力をもっていたという。

福沢諭吉は布団で寝たことがなかった

進級は、毎月六回実施される会読の成績で決まる。会読では、十人から十五人程度のグループをつくり、塾頭や塾監などが会頭（リーダー）となり、その司会のもとゼミナール形式の討議がおこなわれる。具体的には、くじをひいて発表者の順番を決め、課題図書の蘭語文を翻訳・解読していく。それを聞いた次の発表者が不明な点などを質問。その後、グループ内で議論をおこなう。こうして会読が終わると、会頭は個々の塾生たちの出来不出来を採点。このうち一カ月間の成績優秀者を上席と定め、それが三カ月続いた場合、一階級進むことができるのである。

だから、受け身の塾生はまったく伸びない。自ら貪欲に知識を吸収し、議論に勝つ者が力をつけていく。

たとえば、塾頭になった福沢諭吉の生活を紹介しよう。

中津藩士の諭吉は、長崎で短期間蘭学を学んだあと、学を究めようと蘭学の第一人者といわれた緒方洪庵の適塾に入った。塾では布団を敷いて寝たことがなかったという。昼間は仲間同士の議論と論争に明け暮れ、夜間は書をむさぼり読み、

大阪市中央区にいまも残る適塾（写真提供：大阪大学適塾記念センター）

睡魔が襲えば机に突っ伏して寝、目が覚めたらまた書物を読むという生活だった。勉学の合間には、蘭書を写してその写本を売って生活費を稼いだそうだ。結果、諭吉は塾頭にまでのぼりつめたのである。

門弟を我が子のように慈しんだ洪庵

放任主義といえど、洪庵は門弟一人ひとりに親身に指導にあたった。たとえば、無理が祟《たた》って諭吉が腸チフスになると、洪庵は我が子のように病床を見舞い、病中の養生法をいろいろ指示して去っていった。ただ、名医でありながら、自ら薬を処方してやることはなかった。その理由について洪庵は、諭吉に次のように胸の内を語った。

「おれはお前の病気をきっとみてやる。みてやるけれども、おれが自分で処方することはできない。なにぶんにも迷うてしまう。この薬あの薬と迷うて、あとになってそうでもなかったといって、また薬の加減をするというようなわけで、しまいにはなんの療治をしたかわけがわからぬようになるというのは人情の免れぬことであるから、病はみてやるが執匙《しっぴ》(薬の調合)はほかの医者に頼む。そのつもりにしておれ」(福沢諭吉著、会田倉吉校注『福翁自伝』旺文社文庫、一九七〇年)

これを聞いて諭吉は、

「昔の学塾の師弟はまさしく親子のとおり、緒方先生が私の病をみて、どうも薬を授くるに迷うというのは、自分の家の子供を療治してやるに迷うと同じことで、その扱いは実子と少しも違わないありさまであった。後世だんだん世が開けて進んできたならば、こんなことはなくなってしまいましょう。私が緒方の塾にいたときの心持ちは、いまの日本国中の塾生に比べてみてたいへんに違う。私は真実緒方の家の者のように思い、また思わずにはいられません」（『前掲書』）

と述べている。

安政三年（一八五六）九月、諭吉の兄・三之助が病死したので、諭吉は中津に戻り家督を継いだが、親類の反対を押しのけ、すぐに大坂の適塾に戻ってきてしまう。ただ、このおり家の借金を返済し、母の生活の手立ても講じたので、手元には一銭の金もなかった。そこで諭吉が師に泣きつくと、洪庵は「おまえはいっさい聞いてみるといかにしても学費のないということは明白にわかったから、私が世話をしてやりたいけれどもほかの書生（学生）に対してなにかおまえひとりにひいきするようにあってはよくない」（『前掲書』）と述べ、オランダ語の原書を訳させることを名目に、諭吉を緒方家の食客にしてやったのだ。

だから諭吉は、洪庵が江戸で亡くなったあとも、しばしばその未亡人の八重を見舞い、師の墓参りのさいは、自らの手で墓石を洗ったという。

このように、親身に塾生の面倒をみたこともあり、洪庵の生活はかなり苦しかったようで、公の場に出るさい裃《かみしも》は他人から借りたといい、妻の八重にも十年以上、服を新調してやれなかった。

感染症の予防につとめワクチン頒布を開始

洪庵は『当時流行町請医師名集大鑑』(相撲の見立て番付)で西の大関(一位)に記載されているように、医師として優れた手腕をもっていた。

洪庵は、我が子を何人も幼くして失っている。おそらく感染症によるものだろう。だからとくに、感染症の予防と治療に熱心だった。

江戸時代、幼い命を最も多く奪った感染症は、疱瘡《ほうそう》(天然痘《とう》)である。

致死率が高い疱瘡を防ぐ手立てとして、大昔から患者の膿《うみ》や瘡蓋《かさぶた》を鼻から吸い込んだり、腕を傷つけてすり込んだりする人痘法(ワクチン接種)がおこなわれていたが、効き目がなかったり、本当に感染して亡くなったりした。

ところが十八世紀末、イギリスのジェンナーが牛痘種痘法を開発する。天然痘に似た牛の病気があり、罹患《りかん》した牛の膿を人の身体に入れると水疱ができる。が、その人は決して天然痘にかからないことが判明したのだ。

拙著『禁断の江戸史』（扶桑社新書）でも詳しく述べたが、嘉永二年（一八四九）、佐賀藩医の楢林宗建《ならばやしそうけん》がバタビア（インドネシアのジャカルタ）から長崎にもたらされた牛痘苗《びょう》（痘痂《とうか》や痘漿《とうしょう》）で日本で初めて牛痘種痘法に成功する。宗健は、水疱ができた乳児たちをすぐに国元の佐賀へ送り、藩主・鍋島直正は我が子に率先して接種をおこない、以後、藩内で種痘が広まっていった。

この長崎の分け苗が、京都に到達したことを洪庵は知った。福井藩医の日野鼎哉《ていさい》や笠原良策が藩命により手に入れたのだ。洪庵はすぐに京都へおもむいて苗を分けてもらい、その後、大和屋喜兵衛（豪商で薬種問屋）に協力を仰ぎ、家を借りて除痘館《じょとうかん》（種痘所）を設け無料で種痘を開始した。

なお、施設の開業にあたり、洪庵は喜兵衛と日野葛民《かつみん》（鼎哉の弟）と三人で「種痘はひたすら仁術のためにおこなう。新しい方法を広めるので、いくばくかの謝礼を受け取ることもあろうが、個人の利益とせず、仁術を広めるための費用とする」と誓い合った。そして町医者たちに種痘免状を与え、大坂各地に分苗所（除痘館の支部）をつくらせていった。

「道のため」「人のため」「国のため」に生きる

だが、それで種痘がすぐに大坂中に広まったわけではなかった。嘉永五年頃から除痘館に接種希望者がまったく来なくなった。「種痘すると牛の角が生える。身体に害がある」といったデマが広がったためだ。そこで洪庵は、貧しい人々に米や銭を与えて来館をうながしたり、各地で種痘の効能を説いた。こうした苦労のすえ、ようやく信用を取り戻したのである。

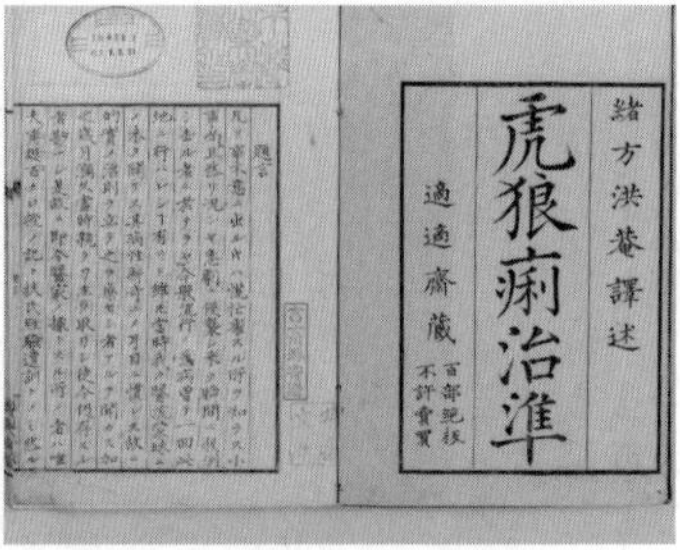
諸方洪菴譯述
虎狼痢治準
適適齋蔵
百部限板
不許賣買

『虎狼痢治準』（京都大学附属図書館所蔵）

ただ、種痘を市中全体に広めるには、やはり大坂町奉行所の力が必要だった。そこで洪庵は、「除痘館を公的な施設にしてほしい」嘆願したが、許可はおりない。それでも諦めず、何十度も嘆願し続けた結果、安政五年（一八五八）、ついに公認されたのである。

これにより人々が除痘館に殺到するようになり、二年後の安政五年（一八五八）、古手町から尼崎一丁目の広い敷地に移った。

なお、同年には長崎のアメリカ人がもたらしたコレラが、大坂で爆発的に流行する。このとき洪庵は、蘭書三冊からコレラの治療法を抜き書き翻訳し、『虎狼痢治準《ころりちじゅん》』を急遽出版、医師たちに頒布《はんぷ》して治療にあたらせた。

幕府はこうした功績を評価し、文久二年（一八六二）、洪庵を奥医師として江戸へ招くことにした。洪庵としては大坂を離れるのは忍びなかったが、結局、江戸行きを決めた。まもなく洪庵は西洋医学所の頭取にも任じられた。まさに医師としての最高位だった。が、残念ながら翌年、五十四歳で亡くなってしまうのである。

「道のため」「人のため」「国のため」それが洪庵の口癖だったが、まさにそのとおりに生きた人生だった。

後世に引き継がれた洪庵の思い

洪庵の死からおよそ三十年後の明治二十五年（一八九二）、ドイツに留学していた北里柴三郎が帰国した。彼は破傷風《はしょうふう》菌の純粋培養に成功するなど、世界的な研究成果を挙げていた。海外の大学からも誘いがかかったが、日本の感染症予防に寄与するため、戻ってきたのだ。だが、政府に伝染病研究所の設置を求めても認めてもらえず、彼を受け入れてくれる研究機関もなかった。そこで柴三郎は途方に暮れてしまう。

そんなとき手を差し伸べたのが、かつての上司（内務局衛生局長）長与専斎《ながよせんさい》であった。長与はその境遇を憐《あわ》れみ、福沢諭吉に相談した。福沢は全面的な協力を約束、私財を提供して私設の伝染病研究所を設置してやったのだ。

じつは長与も福沢も適塾出身で、二人とも塾頭を務めた洪庵の愛弟子だった。彼らが柴三郎に全面的に協力したのは、師・洪庵の除痘館での活動を見ていたからではなかろうか。

やがて伝染病研究所は、赤痢菌やペスト菌を発見し、その予防法を確立するなど、日本の伝染病予防に大きな功績を残すことになった。まさに洪庵の思いは、のちの世に引き継がれていったのである。

人間の平等の前に男女平等をとなえた福沢諭吉

江戸時代生まれだがマイホームパパだった福沢諭吉

福沢諭吉は四十年近く一万円札の肖像として親しまれてきたが、二〇二四年、いよいよ渋沢栄一へとバトンタッチして姿を消してしまう。

諭吉といえば慶應義塾の創設者で、「天は人の上に人を造らず人の下に人を造らずと言へり」という『学問のすゝめ』の一節を思い浮かべる方も多いだろう。人間の平等をとなえた諭吉だが、じつはフェミニストであり、マイホームパパでもあった。そのあたりを本項で詳しく紹介していこう。

諭吉は、「男女格別に異なる所はただ生殖の機関のみ。（略）体質《からだ》に微塵《みじん》の相違なきのみか（略）男子の為す業《わざ》にて女子に叶わざるものなし」（「日本婦人論 後編」中村敏子編『福沢諭吉家族論集』岩波文庫、一九九九年所収）と、生殖器以外は男女に異なるところはないとし、「家事を取扱うの権力は、夫婦平等に分配して尊卑の別なく、財産もこれを共有にする（略）相互いに親愛し、相互いに尊敬」すべきであり、「妻を一人前の人として夫婦同等の位《くらい》に位し、毎事《ことごと》にこれに語り、毎事にこれと相談すること（略）時として内外《うちと》の事に説の合わざるときは、議論する」のが大事だと語り、女性に対しても「婦人とて家の内にばかり居るべきにあらず、自由自在に外に出て、男女の別なく立派に附合《つきあい》すべき」（『前掲書』）と勧めている。

家族の間に隠し事なし、妻子にマッサージもする

そんな男女同権を主張する諭吉が結婚したのは二十八歳のとき。相手は同じ中津藩士・土岐太郎八の次女・阿錦《おきん》（十七歳）だったが、諭吉は以後、妾《めかけ》もおかず花柳界にも出入りせず、良い家庭を築く努力を怠らなかった。

諭吉は言う。

「家の中に秘密事なしというのが私方の家風で、夫婦親子の間に隠すことはない、ドンナことでも言われないことはない。子供がだんだん成長して、これはあの子に話してこの子にはないしょなんて、ソンナことは絶えてない。親が子供の不行きとどきをとがめてやれば、子供もまた親の失策を笑うというような次第で、古風な目をもって見るとちょいと尊

諭吉と阿錦（慶應義塾福澤研究センター所蔵）

卑の礼儀がないように見えましょう」（前掲『福翁自伝』）

家父長制の強い明治時代とは思えない、アットホームな家風だ。

福沢夫妻は九人（四男五女）の子をもうけたが、一人も死なせることなく立派に育て上げた。子の健康には気を配り、滋養のあるものを食べさせ、熱い風呂には無理して入れなかったし、家の物を少々傷つけても怒鳴ったりせず、何をしても子供には手をあげなかった。長男と次男がアメリカに留学していた六年間、諭吉は三百通以上の愛情の籠もった手紙を送り、たびたび家族旅行を楽しんでいる。

しかも、「湯治などに行って家内子供をもんでやって笑わせることがあります」（『前掲書』）と語るように、自ら妻子の身体をマッサージでほぐしてやっているのだ。

背を押してくれた、たくましい母の姿

諭吉がこうした明るい家庭を築いたのには、おそらく母の影響が大きいと思う。

天保五年（一八三五）、諭吉は中津藩士・福沢百助の次男として大坂で誕生した。百助は藩の大坂蔵屋敷の下級役人だったが、諭吉が三歳のときに急死してしまう。そのため福沢一家は中津へ戻ることになり、それからは母のお順が内職をしながら子供たちを育て上げたのだ。彼女は泣き言一つ言わなかった。そんな実母のたくましい姿を見て育った諭吉ゆえ、女性の偉大さを実感していたのだろう。

また、福沢家の子供たちは、大坂という自由な都市で育ったこともあって、上下関係の厳しい中津になじめず、近所の子たちと仲良くなれなかった。このため次第に付き合いを絶って、兄弟姉五人だけで固まって生活するようになった。こうした幼少年期の経験が、諭吉を家族第一主義のマイホームパパにしたのではないだろうか。

諭吉は若い頃、長崎遊学を経て大坂へ行き、緒方洪庵の適塾で蘭学を学ぶようになったが、前述のように安政三年（一八五六）九月、兄の三之助が病死してしまう。そのため諭吉はいったん帰郷して家督を相続したものの、すぐに大坂へ戻って蘭学を学び続けようとした。ところが親類縁者はこれに大反対し、中津で暮らすべきだというのだ。

このとき、母のお順だけが賛同してくれたため、諭吉は福沢家の抱えていた四十両の借金を家屋敷を売り払って精算し、母の暮らしが立つよう手だてしたうえで、大坂へ戻ることができた。もし母の許しがなかったら、偉大な思想家・教育家は誕生しなかったかもしれないのだ。

一国の独立は国民の独立心から

明治三十四年（一九〇一）年、諭吉は六十八歳でその生涯を閉じたが、彼のポリシーはその墓にもよく表れている。墓石の正面には「福沢諭吉」「妻阿錦」という文字が刻まれているが、それがまったく同じ大きさで並んでいるのだ。男女同権をとなえた彼らしい銘といえよう。

ちなみに墓石の側面には、福沢諭吉の戒名が刻まれている。「大観院独立自尊居士」――じつはこの「独立自尊」は、諭吉が生涯にわたってのポリシーだった。諭吉は言う。

「一国の独立は国民の独立心からわいて出ることだ（略）自分がその手本になって見ようと思いつき、人間万事無頓着と覚悟をきめて、ただ独立独歩と安心決定《あんじんけつじょう》したから、政府に寄りすがる気もない、役人たちに頼む気もない。（略）ほめるなりそしるなりよろこぶなり怒るなり、かって次第にしろ、ほめられてさまでよろこびもせず、そしられてさまで腹も立てず、いよいよ気が合わねば遠くに離れてつきあわぬばかりだ。いっさい万事、人にも物にもぶらさがらずに、いわば捨て身になって世の中を渡るとチャント説をきめているから、なんとしても政府へ仕官などは出来ない」（『前掲書』）

このように諭吉は「独立自尊」を実行し、一人ひとりがこの精神をもって生きることが、列強諸国から日本の独立を守ることにつながるのだと信じ、気概ある若者を育てるべく、慶應義塾での教育活動に専心した。在世中に慶應義塾で学んだ者はなんと一万三千人にのぼり、その多くが各界のリーダーになって近代日本を牽引していった。

諭吉は亡くなる前年、「修身要領」を編纂・発表している。

知人の日原昌造に宛てた手紙のなかで諭吉は、「世間の「モラルスタントアルド」（道徳の規範。水準）が低いことを「終生の遺憾」だと思い、何とか国民の道徳を「高きに導くの方便」がないかと、日ごろ暇さえあれば「思いつき次第」を書きためている」と記している。そして、弟子や息子たちに「今日の社会に処して人心を導くに足るべき徳教の標準を示すの目的」で「修身要領」をつくらせたというのだ。

最終的に「修身要領」が目標としたのは、「独立自尊」の人をつくり上げることであった。

そのために必要なおこないとして二十九項目が列記されている。いくつか意訳して紹介する。

「健康を保つため不摂生をしない。自ら命を害する行為はしない。進取確守の勇気をもて。他人に依存せず自分で考えて判断せよ。男女は平等と心得、互いに敬愛しよう。夫婦は生涯愛し合い、相手の独立を侵さない。子供を心から愛し、傷つけない。父母は子の養育に力を尽くし、成長後はその人格を尊重すべき。他人の権利を尊重し、これを侵してはならない。人を信頼すること。そうすれば相手も信頼してくれる。礼儀は人間関係で重要、決しておろそかにしてはならない。自分を愛するように他人を愛せ」

なかなか含蓄のある教えであり、いまでも十分通用するだろう。

ともあれ、独立自尊、男女平等の世をつくろうとした諭吉だが、残念ながら現代日本では、いまだに政治家や有名人の女性蔑視発言が絶えない。令和四年七月、世界経済フォーラムが「グローバル・ジェンダー・ギャップ報告書二〇二二」を公表したが、男女平等の度合いをはかる「ジェンダー・ギャップ指数」は、世界百四十六カ国中日本は百十六位だった。もし福沢諭吉がこれを見たら、なんと言うだろうか。

経営の神様・松下幸之助の成功の秘密とは?

「商売で身を立てよ」という亡父の言葉

松下電器（現在のパナソニック）の創業者である松下幸之助は、「経営の神様」と呼ばれ、いまなお彼を敬愛する経営者は少なくない。いったい一代でどのようにして成功したのか。じつはそこには、意外な信念が隠されていたのである。

幸之助は、明治二十七年（一八九四）に和歌山県海草郡和佐村（現在の和歌山市）で誕生した。父が破産してしまったので、九歳（満年齢・以下同）のときに大阪へ奉公に出されたが、あまりのつらさに、同じ大阪で働いていた父のもとに何度も駆け込んだ。

しかしそのたびに父は「昔の偉人は、小さいときから他人の家に奉公するなど、苦労して立派になっているのだから、お前も辛抱するんだよ」と励ましたという。この言葉は生涯、幸之助の心の支えになった。

十五歳になると、幸之助は奉公をやめて、大阪電灯に配線工の見習いとして入社する。

やがてその仕事ぶりを評価され、わずか二十二歳で工事検査員に出世した。検査の仕事は、一日三時間で終わる楽なものだったが、「商売で身を立てよ」という亡父の言葉に従い、楽な仕事をやめ大正七年（一九一八）に松下電器を創設したのだった。もし幸之助が自分の地位に満足していたら、「世界の松下電器」は生まれなかったわけだ。

よく知られているように、幸之助が考案した二股ソケットは大ヒットしたが、続いて長時間使える電池式自転車ランプを開発した。これは、電池がそれまでの製品に較べて十倍も長持ちする優れものだった。だから、必ず売れると確信した幸之助は、大量生産に踏み切った。ところが問屋はどこも相手にしてくれなかったのである。

砲弾型電池式ランプ（写真提供：パナソニック ホールディングス株式会社）

窮地に立たされた幸之助は、ランプの真価を知ってもらおうと、外交員を数名を雇って大阪中の自転車販売店に無料で商品を配り、そのさい「品物に信用が置けるようになったら売ってください。その後、安心できたら代金を払ってください」と言わせた。この捨て身の作戦は見事功を奏し、数カ月もすると、販売店から注文が殺到したという。

感謝する心が人間の幸福や喜びを生み出す

ところで、幸之助が経営で大きな成功を遂げたのは、すべてに感謝する心をもっていたことが大きいと思う。

たとえば、幸之助は次のように言っている。

「感謝の念ということは、これは人間にとって非常に大切なものなのですね。見方によれば、すべて人間の幸福なり喜びを生み出す根源ともいえるのが、感謝の心だといえるでしょうからね。したがって、感謝の心のないところからは、決して幸福は生まれてこないだろうし、結局は、人間、不幸になるということですな。感謝の心が高まれば高まるほど、それに正比例して幸福感が高まっていく。つまり、幸福の安全弁ともいえるものが、感謝の心だといえるわけですね。その安全弁を失ってしまったら、幸福の姿は、瞬時のうちにこわれ去ってしまうというほど、人間にとって感謝の心は大切なものだと思うのですよ」

（「幸福を生み出す根源──松下幸之助のことば〈83〉」『若

砲弾型電池式ランプが成功した大正13年頃の工場風景（写真提供：パナソニック ホールディングス株式会社）

葉』1977年所収、松下幸之助.comより引用）

このように幸之助は、感謝する心が人間の幸福や喜びを生み出すと断言する。

だから朝礼などを通じて幸之助は、松下電器の社員たちにもたびたび感謝の大切さを語った。

「社会には（略）貧困病苦に悩みながら、医療を受けられない多数の人のあるのを思ふ時、幸ひ健康で仕事に従事出来る我々は深く感謝の念を持つとともに、又報恩の考へも持たねばならぬ。感謝の念、盛になれば従つて報恩の心も強く、真にこの念を抱くところ、無限の力、勇気が生じるものである。諸君もどうか、常に感謝の念を忘るゝことなく努力奮励せられたい。それが、やがて社会、国家に報恩の行ひとなるのである」（松下電器産業株式会社社教務部編『社主一日一話』同部、一九四一年）

このように幸之助は、健康で仕事ができるという、ある意味当たり前のことにすら感謝の念を持ち、その恩を社会や国家に還元する努力をすべきだというのだ。

注意や叱責も感謝の念をもって受け入れる

また、普通の人なら不快になるようなことにも、感謝しなさいと諭《さと》した。

「各人それぐ〳〵長所もあれば短所もあるのだから、お互に忌憚《きたん》なき注意をし合ふは勿論、長上からの注意叱責等は感謝の念を以て享受せなければならない。この場合も稍《やや》もすれば不愉快な態度を示す者があるが、さやうな人に対しては再び良い事も言へなくなるから、その人の向上は全く行き詰りである。修養の途上にある諸君は、須《すべから》く長上、先輩の批判注意を愉快に受入れ、進歩向上の実とせられたい」（『前掲書』）

誰だって他人から注意されたり叱られたりするのは、うれしいはずはない。いくら上司であっても、強く叱責されたら、ついついふてくされた態度をとってしまう人もいるだろう。けれど、そうなると上司はその人に対して注意を控えたり、その部下を信頼しないようになっていく。つまり、不機嫌になることは、回り回って自分の損になる。だから、他人の注意や叱責も感謝の念をもって素直に受け入れることが大事だというのだ。そうすれば、多くの者が親切で的確なアドバイスをくれるようになり、それがその人を進歩向上させることにつながるのだと考えた。

さらに幸之助は、「人事採用の担当者は、感謝の念をもって採用面接を実施しなさい」と述べている。ちょっと意図が想像できないが、幸之助は次のように考えたのである。

「採用された者はもちろんだが、不採用になった者も、松下電器を志望したからには我が社に関心をもっているはず。つまり将来、彼らは松下電器の顧客になる人々だから、十分に良い印象を与えるようにしなくてはならない。そのためには、人事採用の担当者は面接のさい、感謝の念をもって応募者に接することが大切なのだ」

なんともユニークな発想だろう。

ただ、いま見てきたように、どんなことにも感謝の念をもつというのは、究極のプラス思考といえるのではなかろうか。

世界恐慌時に従業員を減らさないためにとった策

昭和四年（一九二九）から五年にかけて、アメリカ発の世界恐慌が我が国にも及び、いわゆる昭和恐慌となった。次々と企業は倒産し、町中に失業者があふれていった。もちろん松下電器の売り上げも激減してしまい、倉庫に入り切らないほど在庫を抱えてしまう。

この時期、幸之助は病気で静養していたが、あるとき重役たちが枕元にやってきて、「生産量と従業員を半減したい」という総意を伝えてきたのである。

このとき幸之助が発した言葉は、重役たちの意表を突くものだった。

「生産は半減するが、従業員は一人も減らさない。このため工場は半日勤務とする。しかし、従業員には日給の全額を支給する。その代わり全員で休日も廃止してストック品の販売に努力する」と指示したのである。

解雇されるかもしれないとおびえていた松下の社員たちは、社長の意向を知って心から喜んだはず。

「松下電器は、どんなことがあっても社員を見捨てることはしないのだ」(松下幸之助著『私の行き方考え方』実業之日本社、一九六二年)

この安心感が、全社員を奮起させることになった。結果、驚くべきことに、山のような在庫は、社員一人ひとりの必死の努力により、わずか二カ月間で一掃できてしまったのだ。

常日頃、社員たちに感謝の念をもつように指導していた幸之助だが、この逸話からわかるとおり、じつは社長である彼自身が人一倍、社員に対する感謝の念が強かったのである。

だからこそ、会社存亡の危機にあっても、ただの一人も解雇しないという断固たる決断がとれたのだ。そしてそれが、社員のやる気に火をつけ、結果として松下電器全体の幸福につながったというわけだ。

松下幸之助（写真提供：パナソニックホールディングス株式会社）

世界から貧困をなくしたい

さて、そんな松下電器の創業記念日だが、幸之助は昭和七年（一九三二）の五月五日と定めている。いま述べたとおり、実際の起業から十四年の歳月が過ぎている。どうして幸之助は、あえてこの日を創業記念日と定めたのだろうか。

それは、彼が自分の社会的使命に気がついたのが、この年の五月五日だったからだ。

「この世の貧しさを克服することである。（略）水道の水はもとより価のあるものだ。しかし道端の水道を人が飲んでもだれもとがめない。これは水が豊富だからだ」（松下幸之助著『夢を育てる』日経ビジネス人文庫、二〇〇一年）

突然、そうした啓示を天から受け、幸之助は世の中から貧困をなくそうと決意、その期限を二百五十年後と定め、二十五年を一節として会社の基礎を固める決意をしたのである。

おそらく幸之助は、松下電器を大きく発展させてくれたあらゆるものに感謝し、日本から貧困をなくし、幸福な社会を実現することが自分の恩返しであると考えたのではないだろうか。

このようにまさに感謝の心は、幸福を生み出す根源なのである。

河合 敦（かわい・あつし）

歴史作家、多摩大学客員教授、早稲田大学非常勤講師。1965年、東京都生まれ。青山学院大学文学部史学科卒業。早稲田大学大学院博士課程単位取得満期退学。歴史書籍の執筆、監修のほか、講演やテレビ出演も精力的にこなす。『教科書に載せたい日本史、載らない日本史』『殿様は「明治」をどう生きたのか』シリーズ（小社刊）、『江戸500藩全解剖 関ヶ原の戦いから徳川幕府、そして廃藩置県まで』（朝日新書）、『徳川家康と９つの危機』（PHP新書）など著書多数。初の小説『窮鼠の一矢』（新泉社）を2017年に上梓。

扶桑社新書 464

日本史の裏側

発行日 2023年 5 月 1 日　初版第 1 刷発行

著　　者………河合 敦
発 行 者………小池英彦
発 行 所………株式会社 扶桑社
〒105-8070
東京都港区芝浦1-1-1 浜松町ビルディング
電話 03-6368-8870（編集）
03-6368-8891（郵便室）
www.fusosha.co.jp

校　　正………皆川 秀
装丁／DTP………影山聡子

印刷・製本………株式会社広済堂ネクスト

Printed in Japan　ISBN978-4-594-09455-3